汽车维护

主　编　谢先树　姚恺宁　周　煜
副主编　文　建　李心月　曹团结
参　编　杨　曼　孟　鸽　蒙承超

在线课程

北京理工大学出版社
BEIJING INSTITUTE OF TECHNOLOGY PRESS

图书在版编目（ＣＩＰ）数据

汽车维护／谢先树，姚恺宁，周煜主编. -- 北京：
北京理工大学出版社，2023.11
ISBN 978 - 7 - 5763 - 3172 - 1

Ⅰ. ①汽… Ⅱ. ①谢… ②姚… ③周… Ⅲ. ①汽车 -
车辆修理 Ⅳ. ①U472

中国国家版本馆 CIP 数据核字（2023）第 232907 号

责任编辑：多海鹏　　**文案编辑**：多海鹏
责任校对：周瑞红　　**责任印制**：李志强

出版发行 ／ 北京理工大学出版社有限责任公司
社　　址 ／ 北京市丰台区四合庄路 6 号
邮　　编 ／ 100070
电　　话 ／ (010) 68914026（教材售后服务热线）
　　　　　　 (010) 68944437（课件资源服务热线）
网　　址 ／ http：//www. bitpress. com. cn

版 印 次 ／ 2023 年 11 月第 1 版第 1 次印刷
印　　刷 ／ 三河市天利华印刷装订有限公司
开　　本 ／ 787 mm × 1092 mm　1/16
印　　张 ／ 15
字　　数 ／ 288 千字
定　　价 ／ 89.00 元

　　车辆的性能状态好坏危及国家、人民的生命财产安全。维护好汽车、保养好汽车不仅可以提高车辆安全系数，而且可以延长车辆的使用寿命。当今新能源汽车大幅增长，汽车服务行业竞争激烈，如何安全、高效、高品质、规范地完成车辆维护？市场上难以找到一本合适的教材。为贯彻落实党的二十大精神，落实立德树人根本任务，适应当前经济社会对汽车技术服务行业高素质劳动者和技术技能人才的需求，深化产教融合、校企合作，推动人才培养模式改革及信息化教学革新，体现岗、课、赛、证综合育人理念，旨在为汽车技术服务行业培养一大批掌握理论知识与诊断技能、德才兼备的高素质技术技能人才，贵州电子科技职位学院联合广汽丰田汽车有限公司、辽宁装备制造职业技术学院、广东省轻工业技师学院共同编写了本教材。

　　本教材总体设计思路打破以知识传授为主要特征的传统学科课程模式，转变成以工作任务为中心组织课程内容，让学生在完成具体工作任务的过程中学会完成相应工作任务的技能，构建相关理论知识，并具备一定的职业发展能力。课程内容选择包含当今企业车辆维护中典型的、频率高的作业项目，主要包括汽车维护基础、车身检查与维护、发动机检查与维护、底盘检查与维护、新能源汽车检查与维护、整车检查与维护等内容，课程内容突出对学生职业能力的训练，理论知识的选取紧紧围绕工作任务完成的需要来进行，同时又充分考虑了职业教育对理论知识学习的需要及学生特点，并融合了相关技能大赛、职业资格证书对知识、技能和规范的要求。项目设计以汽车各总成、系统维护为线索，在对知识与技能的描述上也力求详细与准确。技能及其学习要求采取了"能做汽车某系统检查与维护"的形式进行描述；知识及其学习要求则采取了"能描述某系统检查与维护作业规范、技术要求"和"能理解为什么要检查某系统"的形式进行描述，即区分了两个学习层次，"描述"指学生能熟练识记知识点，"理解"指学生能把握知识点的内涵及其关系。

　　本教材的目标是让学生通过这门课程的学习，能描述车辆维护时的安全操作规程、注意事项，能描述车辆各系统检查与维护的作业规范、技术要求，会按照相关安全操作规程、作业规范、技术要求，利用相关设备安全、规范、高效地对车辆各系统进行检查与维护。另外，本教材在学银在线配套有微课、实操示范视频、课件和题库等教学资源。

　　本书由谢先树、姚恺宁（广汽丰田汽车有限公司）、周煜任主编，文建、李心月、

汽车维护

曹团结任副主编，谢先树编写了项目一、项目四的任务 1 和项目六的任务 2，姚恺宁编写了项目六的任务 1，周煜编写了项目三的任务 1，杨曼编写了项目三的任务 2，文建编写了项目二和项目五，李心月编写了项目四的任务 2 和任务 3，孟鸽编写了项目四的任务 4 和任务 5，曹团结编写了项目三的任务 4，蒙承超编写了项目三的任务 3 和项目七，谢先树、姚恺宁、周煜负责全书的统稿和审订。本书在编写过程中得到了广汽丰田汽车有限公司大力支持和帮助，同时参阅了大量国内外文献，在此对其作者表示衷心感谢。

由于编写时间紧及水平有限，书中难免存在疏漏及错误，敬请各位专家和广大读者批评指正。

编　者

目 录

项目一

汽车维护认知

项目简介

　　汽车维护是保持车辆良好技术状态、确保行驶安全和延长车辆使用寿命的重要手段，本项目主要介绍了汽车维护的重要性、汽车维护原则、汽车维护分类及作业内容、汽车维护安全防控知识，旨在培养学生良好的职业素养、质量意识、安全意识、工匠精神，提升学生汽车维护知识及安全防控能力。

任务　汽车维护认知

知识微课

 学习目标

1. 具有良好的职业素养、质量意识、环保意识、安全意识、创新意识和工匠精神。
2. 爱岗敬业、乐业、精业，忠于职守，规范作业。
3. 能够清晰地表达清楚自己的意见和感受，情绪平和，懂得管控自己的情绪。
4. 能描述汽车维护的重要性和目的、维护原则和安全注意事项。
5. 维护车辆时，能正确、规范地进行安全隐患排查，并采取安全防护措施。

一、任务描述

　　随着汽车工业的发展，汽车的应用越来越广泛，车辆的性能状态好坏危及国家、人民的生命财产安全。汽车定期进行维护保养不仅可以减少车辆的安全隐患，保证车辆行驶性能，而且还可以延长车辆的使用寿命。定期维护保养的车辆在 10 年后仍能保持较好的行驶性能，而非定期维护的车辆，5 年后就可能在行驶的过程中出现各类故障，诸如出现尖叫噪声、排气管冒黑烟等问题，使车辆的安全可靠性降低，存在安全隐患，如图 1-1 所示。

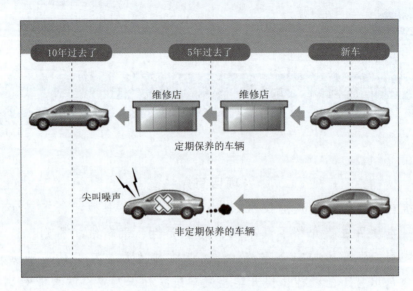

图 1-1　车辆保养与否对比

汽车由大量的零部件构成，车辆使用一定时间后，受使用条件、操作不规范等因素的影响，汽车零部件必然会出现磨损、老化或腐蚀等问题而导致性能降低，评估出这些构成零件的性能是否降低，就需要定期保养，经过调整和更换来保持其性能。通过实施维护保养，可使车辆达到以下效果，确保顾客满意和放心：

（1）车辆今后发生故障的概率可能得以避免。

（2）可使车辆保持在符合法规规章的状态中。

（3）可延长车辆使用寿命。

（4）顾客可享受既经济又安全的驾车体验。

二、任务解析

汽车维护，就是依据汽车维护原则、汽车维护分类及作业内容、安全防控要点、技术员工作原则，安全、规范、高效地对汽车各系统及相关部件进行清洁、检查、紧固、润滑，必要时进行调整或更换的工作，如图 1-2 所示。

三、相关知识

（一）汽车维护原则

根据交通运输部《汽车运输业车辆技术管理规定》，汽车维护应贯彻"预防为主、定期检测、强制维护"的原则，即汽车维护必须遵照交通运输管理部门规定的行驶里程或时间间隔，按期强制执行，不得拖延，并在维护作业中遵循汽车维护分级和作业范围

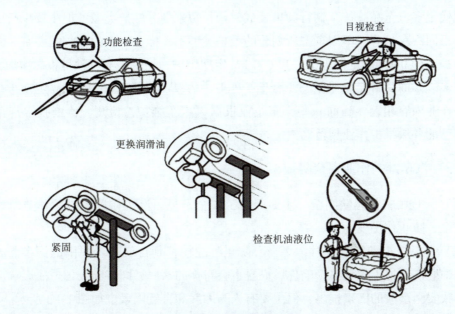

图1-2   汽车维护示意图

的有关规定，以保证维护质量。

　　汽车维护是预防性的，保持车容整洁、车况良好，及时消除发现的故障和隐患，防止汽车早期损坏是汽车维护的基本要求。汽车维护的各项作业是有计划定期执行的，其内容是依照汽车即时状况变化的规律来安排的，并须在汽车技术状况变坏之前进行，以符合预防为主的原则。

　　定期检测是指汽车在二级维护前必须用检测仪器或设备对汽车的主要性能指标和技术状况进行检查诊断，以了解与掌握汽车的技术状况和磨损程度，并做出技术评定，根据检测结果确定该车的附加作业或小修项目，从而结合二级维护进行作业或维修。

　　强制维护是在计划预防维护的前提下所执行的维护制度，是指汽车维护工作必须遵照轿车运行管理部门或汽车使用说明书规定的行驶里程或时间间隔，按期进行，不得任意拖延，以体现强制性的维护原则。

（二）现代汽车维护与保养的分类及作业内容

　　汽车在使用过程中，由于汽车车型、车龄、车辆使用所在国，或车辆的用途（状态）的不同，在各个时期对汽车维护保养的作业项目也不相同。根据《汽车维护、检测、诊断技术规范》有关规定，汽车维护可分为定期维护和非定期维护两大类，并将定期维护分为走合维护、日常维护、一级维护和二级维护四类，将非定期维护分为按需维护（季节性维护）和免拆维护（新型维护方法）两类。维护作业以清洁、检查、紧固、润滑、调整和补给六大作业为主，维护范围随着行驶里程的增加逐步扩大，内容逐步加深。

现代很多汽车品牌按车辆行驶里程或时间长短来划分维护类型，但主要以行驶里程为主。不同汽车品牌、不同车型所划分的维护类型不一样，主要的维护类型有 5 000 km 定期维护、10 000 km 定期维护、20 000 km 定期维护，随着车辆行驶里程的增加，作业项目增多。5 000 km 定期维护与走合维护作业内容基本一致，20 000 km 定期维护与二级维护作业内容相近。当前一些汽车企业根据《汽车维护、检测、诊断技术规范》制定有自己的各级维护作业规范。

（三）汽车维护作业安全防控

（1）无危则安，无缺则全，生命无价，安全是福，汽车在进行维护作业时始终要注重安全，防止伤害发生。

（2）进行汽车维护作业时，要当心防止事故伤害到自己或者周围的同事。如果你在工作中受伤，这不仅仅将影响你，而且也会对你的家庭、同事和公司造成影响。

导致安全事故的因素很多，但主要有人为因素和自然因素，如图 1-3 所示。

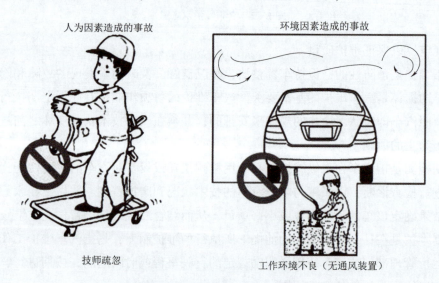

图 1-3　安全事故因素示意图

1. 人为因素造成的事故

由于不正确使用机器或工具，没按安全操作规程作业，穿着不合适的衣服，或者不小心造成的事故。

2. 自然因素造成的事故

由于机器或工具出现故障，缺少完整的安全装置，或者工作环境不良造成的事故。

1）维修人员着装要求

为了确保作业安全，避免事故发生，汽车维修企业通常对汽车维修人员着装有严格的要求，诸如要求穿清洁的工作服、安全鞋和戴工作帽等，如图 1-4 所示。

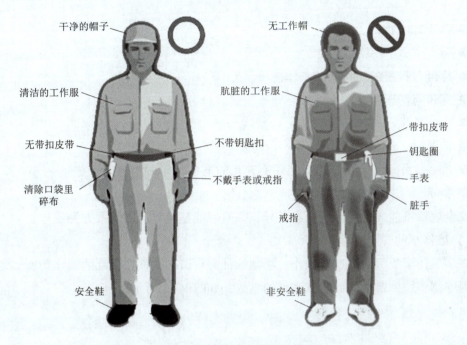

干净的帽子
清洁的工作服
无带扣皮带
清除口袋里碎布
安全鞋

无工作帽
脏脏的工作服
不带钥匙扣
不戴手表或戒指
带扣皮带
钥匙圈
手表
脏手
戒指
非安全鞋

图 1-4 汽车维修人员着装要求

（1）工作服。

为防止事故的发生，工作服必须结实、合身，以便于工作。为防止工作时损坏汽车，不要暴露工作服的带子、纽扣，防止受伤或烧伤的安全措施是不要裸露皮肤。

（2）工作鞋。

工作时要穿安全鞋。因为穿着凉鞋或运动鞋危险，易摔倒并因此降低工作效率。此外，其还会使穿戴者容易因为偶然掉落的物体而受到伤害。

（3）工作手套。

提升重的物体或拆卸热的排气管或类似的物体时，建议戴上手套。然而，对于普通的维护工作，戴手套并非一项必需的要求。

◆提示

根据你要做的工作类型来决定你是否必须戴手套。

➤个人注意事项

工作时是否安全往往是在你到达工作场所之前就决定了。当你离家去上班时，是否做了充分准备？考虑一下哪种衣着适合要进行的工作，记住，安全也是你的责任。

■应避免的事情：

不要穿宽松的袖口衣服；不要佩戴项链；不要佩戴手镯；不要穿喇叭裤；不要穿时装

鞋；不要穿紧身裙；不要解开领带；长发不要披起，应卷起戴工作帽；不要佩戴戒指。

◇ 忠告

● 摘下珠宝首饰。

● 戴"夹式"领带。

● 穿经过批准的工作服、工作裤等。

● 穿带有防压铁头的劳保鞋。

● 束紧长发。

● 需要时，使用正确的眼/手/耳/防护装置。

● 准备工作不要仓促，给自己留有充足的准备时间，才能获得安全。

◇ 提示

安全规章可能因地域不同而有差异，并且可能超越以前的基本方针。

2）维修车间安全管理

许多工伤事故都是由违章操作、场地杂乱无章引起的。在凌乱的工作场所，常常会发生因绊倒、跌倒或滑倒而导致受伤的事故，如图 1－5 所示。

图 1－5　凌乱的工作场可能导致事故

我们有责任安全妥善保管、整理所有设备、部件和汽车，以保护我们自己和工友不受伤害。

（1）在车间内始终要注意以下各点。

①始终使你的工作场地保持干净来保护你自己和其他人免受伤害。

②不要把工具或零件留在你或者其他人有可能踩到的地方，将其放置于工作架或工作台上，并养成好习惯。

③立即清理干净任何飞溅的燃油、机油或者润滑脂，防止自己或者他人滑倒。

④工作时不要采取不舒服的姿态，这不仅会影响你的工作效率，而且有可能会使你跌倒和伤害到自己。

⑤处理沉重的物体时要极度小心，因为如果它们跌落到你的脚上你可能会受伤。而且，记住如果你试图举起一个对你来说太重的物体，你的背部可能会受伤。

⑥从一个工作地点转移到另外一个工作地点时，一定要走指定的通道。

⑦不要在开关、配电盘或电机等附近使用可燃物，因为它们容易产生火花，并造成火灾。

（2）如图1-6所示，在车间内使用工具工作时，应遵守以下的预防措施来防止发生伤害。

图1-6　使用工具设备要点示意图

①如果不正确地使用电气、液压和气动设备，可能导致严重的伤害。

②使用产生碎片的工具前，戴好护目镜。

③使用过砂光机和钻孔机一类的工具后，要清除其上的粉尘和碎片。

④操作旋转的工具或者工作在一个有旋转运动的地方时，不要戴手套。因为手套可能会被旋转的物体卷入，伤到手。

⑤用升降机升起车辆时，初步提升到轮胎稍微离开地面为止。然后，在完全升起之前，确认车辆牢固地支撑在升降机上。升起后，不要试图摇晃车辆，因为这样可能导致车辆跌落，造成严重伤害。

（3）为预防火灾事故发生，车间严禁吸烟（除非在吸烟区，否则不要抽烟，离开吸烟室要确认将香烟熄灭在烟灰缸里）。如果火灾警报响起，所有人员应当配合扑灭火焰。要做到这一点，从业人员应知道灭火器放在何处及如何使用灭火器。

（4）如图1-7所示，为了防止火灾和事故，在易燃品附近应采取以下预防措施。

图1-7 易燃品附近防火示意图

①吸满汽油或机油的碎布有时有可能自燃，所以它们应当被放置到带盖的金属容器内。

②在机油存储地或可燃的零件清洗剂附近，不要使用明火。

③不要在处于充电状态的电池附近使用明火或产生火花，因为它们产生了可以点燃的爆炸性气体。

④仅在必要时才将燃油或清洗溶剂携带到车间，携带时要使用能够密封的特制容器。

⑤不要将可燃性废机油和汽油随意丢弃到水沟里，因为它们可能导致污水管系统产生火灾，应将这些材料倒入一个排出罐或者一个合适的容器内。

⑥在燃油泄漏的车辆没有修好之前，不要起动该车辆上的发动机。修理燃油供给系统，例如拆卸化油器时，应当从蓄电池上断开负极电缆，以防止发动机被意外起动。

（5）电气设备安全。

不正确地使用电气设备可能导致线路短路及发生火灾，因此，要学会正确使用电气设备并认真遵守以下防护措施：

①如果发现电气设备有任何异常，立即关掉开关，并联系管理员/领班。

②如果电路中发生短路或意外火灾，在进行灭火之前应先关掉开关。

③向管理员/领班报告不正确的布线和电气设备安装。

④有任何保险丝熔断都要向上级汇报，因为保险丝熔断说明有某种电气故障。

如图1-8所示，千万不要尝试以下行为，因为它们非常危险：

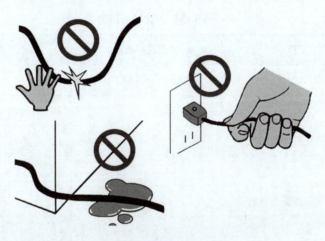

图1-8　禁止行为示意图

①不要靠近断裂或摇晃的电线。

②为防止电击，千万不要用湿手接触任何电气设备。

③千万不要触摸标有"发生故障"的开关。

④拔下插头时，不要拉电线，而应当拉插头本身。

⑤不要让电缆通过潮湿或浸有油的地方，以及炽热的表面，或者尖角附近。

⑥在开关、配电盘或马达等物的附近不要使用易燃物，因为它们容易产生火花。

四、任务实施

（一）操作准备

准备维护操作所需的物料，见表1-1。

表1-1　物料准备

类别	所需物料
教学车辆/实训平台	实训车辆
设备、仪器、工具	举升机、工具车、故障诊断仪、常用维修工具、维修手册

（二）制订计划

1）制订车辆维护工作场地安全隐患排查工作计划

依据汽车维护相关知识及车辆维修手册、保养手册，制订汽车维护作业安全隐患排查计划，并将安全隐患排查项目、安全注意事项和技术要求等相关信息填写在表1-2中。

表1-2　汽车维护安全隐患排查记录表

序号	项目	安全防护要点	技术要求
	检查举升机技术状况		
	检查灭火器是否有效		

（三）任务实施

各小组制订完计划后，轮值组长在作业开始前，明确安全员、质检员、操作员、监督员、管理员等人员，安排落实好每个小组成员的工作职责，然后严格按照制订的计划进行作业，如发现计划不合理，应及时进行修改和完善。

五、检查评价

对本任务的学习情况进行检查，并将相关内容填写在表1-3中。

表1-3　检查表

检查项目	检查结果	自评	小组互评	教师点评
是否有安全意识、环保意识	是□　否□			
是否描述了汽车维护的重要性和维护原则	是□　否□			

续表

检查项目	检查结果	自评	小组互评	教师点评
是否规范着装	是□ 否□			
是否规范检查举升机技术状况	是□ 否□			
是否规范完成设备电源线路检查	是□ 否□			
是否规范完成工作场地检查	是□ 否□			
是否按规定点检工具	是□ 否□			
是否按规定点检物料	是□ 否□			
工具设备是否整理并放至指定位置	是□ 否□			
实训工位是否打扫干净	是□ 否□			

六、总结反思

1. 完成本任务应了解哪些知识？

2. 安全隐患排查，应重点排查哪些项目？

3. 完成本任务存在的不足及改进措施。

七、知识拓展

技术员十大工作原则

技术员十大工作原则，即良好的职业化形象、爱护车辆、工作场地整洁有序、安全生产、工作有计划和准备、快速可靠的工作、按时完成工作任务、工作完成后要检查、保存旧零件、后继工作，每天都要将它们应用到实际工作中，将以上工作原则时刻记在心中，会有助于你更加快速而可靠地进行车辆维护。

（1）良好的汽车维护职业化形象，应穿干净的制服，一直穿防护鞋，如图 1 - 9 所示。

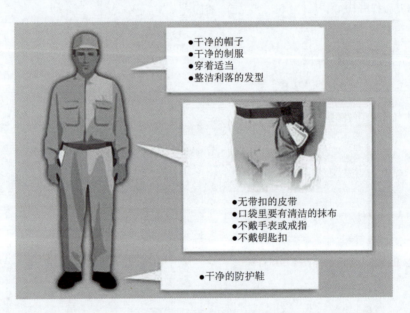

图 1 - 9　职业化形象

（2）爱护车辆，维修作业时要使用座椅套、翼子板布、前格栅布、转向盘套和地板垫，如图 1 - 10 所示，小心驾驶客户车辆；在客户车内不抽烟；切勿使用客户音响设备或车内电话；拿走留在车上的垃圾和零件箱。

（3）工作场地整洁有序，保持车间（地面、工具台、工作台、仪表、测试仪，等等）的整洁有序，须做到：拿开不必要的物件；保持零部件和材料整齐有序；打扫、清洗和擦净；汽车停正后方可维修，如图 1 - 11 所示。

（4）安全生产，遵守安全操作规程，正确地使用工具和其他设备（汽车举升器、千斤顶、研磨机等），小心着火；工作时切勿抽烟；切勿搬运太重的物件，如图 1 - 12 所示。

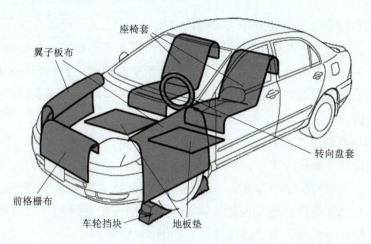

座椅套

翼子板布

转向盘套

前格栅布

车轮挡块　　地板垫

图 1-10　车辆爱护示意图

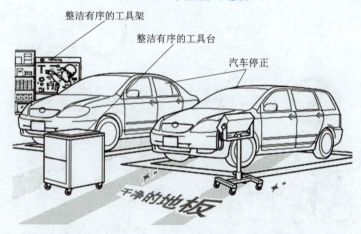

整洁有序的工具架

整洁有序的工具台

汽车停正

干净的地板

图 1-11　工作场地要求示意图

汽油

图 1-12　安全生产要点示意图

（5）计划和准备。接到任务单时要确认"主要项目"（客户进行维修的主要原因），并确认已了解客户的要求及服务顾问的指示。若出现返工的情况，要特别注意沟通；如果除了规定的工作外还有其他工作，应及时报告给服务顾问；只有在得到客户的同意后方可进行；为工作做好计划（工作程序和准备）；确认库存有所需零部件；根据维修单工作，避免出错。

（6）快速可靠的工作，优先使用正确的专用维修工具和测试仪；根据维修手册、电子线路图和诊断手册进行工作，以避免主观猜测。了解最新技术信息，例如技术服务简报上的内容。如果有事情不清楚，应询问服务顾问或者管理人员/领班。如果发现车辆还有不包括在维修条款内的其他地方需要维修，应向服务顾问或者管理人员/领班汇报。尽可能运用所学技能，不要违规操作，如图1－13所示。

图1－13　快速可靠的工作示意图

（7）按时完成工作。如果能按时完成该工作，则应不时地再检查一下；如果认为将推后（或者提前）完成任务，或者需要做其他工作，则应通知服务顾问或管理人员/领班。

（8）工作完成后要检查，确认已完成所有其他需要做的工作。确认车辆至少与刚接手时是同样清洁的。将驾驶座、转向盘和反光镜返回到最初位置。如果钟表、收音机等的存储被删除，应重新设置。如图1－14所示。

（9）保存旧零件，将旧的零件放在塑料袋或者空零件袋中，并放在预定的地方如在前乘客座椅前面的地板上，如图1－15所示。

图 1 – 14　工作完成后检查示意图

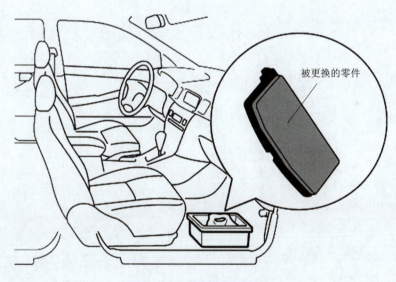

图 1 – 15　旧零件保存示意图

（10）后继工作，如图 1 – 16 所示，完成维修单和维修报告（例如，写下故障原因、更换的零件、更换原因、劳动时长等），未列在维修单上的任何其他信息，必须通知管理人员/领班或者服务顾问。在工作中所注意到的任何异常情况，应告知服务顾问或管理人员/领班。

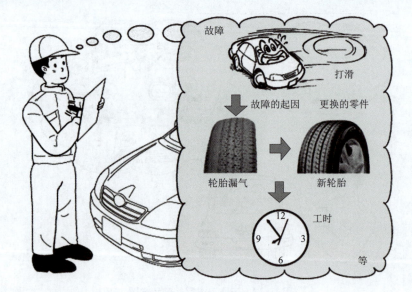

图 1-16   后继工作示意图

项目二
车身检查与维护

项目简介

车身是汽车四大组成部分之一，其技术状况会影响车辆行驶安全及舒适性等，本项目介绍了车身维护的重要性及影响，车身维护作业项目及技术要求，车身维护作业规范，并通过实施、检查等环节，帮助学生获得良好的职业素养、质量意识、安全意识、工匠精神等，提升学生车身维护知识及技能。

任务　汽车车身检查与维护

知识微课

学习目标

1. 爱岗敬业、乐业、精业，忠于职守，规范作业。
2. 自觉遵守安全生产法律法规，严格执行安全生产规程，预防安全生产事故发生。
3. 了解汽车轿车车身的功用及出现故障后的影响，进行维护的重要性及目的；能正确描述汽车轿车车身维护作业项目内容、技术要求和作业规范。
4. 能正确、规范地利用工具设备对汽车车身进行维护作业。

一、任务描述

汽车车身的基本要求是便于驾驶人员的操控并提供良好的乘坐环境，尽可能地隔绝振动、噪声等，提高整车安全性和舒适性，改善操纵性。汽车车身检查与维护作业是车辆养护的基础，通过检查车身各部件工作是否正常，确保车身各部件工作的可靠性，是延长车辆使用寿命和保证行车安全、提高整车舒适性、改善操纵性的有效措施。

车身对车辆使用的影响如图 2-1 所示。

二、任务解析

车身检查与维护主要是对维修手册、保养手册规定的车身维护作业项目，依据相应的技术要求进行维护作业，工作思路如下。

（1）根据车型、保养手册、维修手册或者相应的技术规范，明确作业项目，准备相关工具。

（2）检查车身外观有无变形、裂纹、刮痕以及车身是否倾斜。

（3）检查发动机舱盖的螺栓、螺母是否松动（含铰链），锁止是否正常。

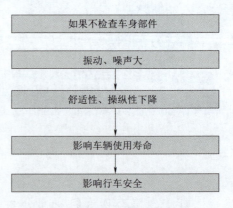

图2-1　车身对车辆使用的影响

（4）检查车门的螺栓、螺母是否松动，门把手、车门升降、门控灯、儿童锁是否正常。

（5）检查油箱盖是否变形和损坏，扭矩限制器工作是否正常。

（6）检查行李舱门的螺栓、螺母是否松动，锁止是否正常。

（7）检查座椅安全带的螺栓、螺母是否松动，锁止是否正常。

（8）检查座椅的螺栓、螺母是否松动，调节功能是否正常。

（9）竣工检查和工作现场"5S"。

三、相关知识

（一）维护作业项目内容及技术要求

车身检查维护项目及技术要求见表2-1。

表2-1　车身检查维护项目及技术要求

序号	项目	技术要求	备注
1	检查车身外观是否正常，有无倾斜	车身外观正常，无倾斜	
2	检查发动机舱盖的螺栓、螺母是否松动（含铰链），锁止是否正常	发动机舱盖完好，螺栓、螺母无松动，锁止正常	
3	检查车门的螺栓、螺母是否松动，门把手、车门升降、门控灯、儿童锁是否正常	车门螺栓、螺母无松动，门把手、车门升降、门控灯、儿童锁正常	
4	检查油箱盖是否变形、损坏及扭矩限制器工作情况	油箱盖无变形和损坏，扭矩限制器工作情况良好	

续表

序号	项目	技术要求	备注
5	检查行李舱门的螺栓、螺母是否松动，行李舱锁止是否正常	行李舱门完好，螺栓、螺母无松动，锁止正常	
6	检查安全带的螺栓、螺母是否松动，锁止是否正常	座椅安全带的螺栓、螺母无松动，锁止正常	
7	检查座椅的螺栓、螺母是否松动，座椅调节功能是否正常	座椅的螺栓、螺母无松动，座椅调节功能正常	
8	检查并确认电动天窗工作是否正常	电动天窗打开和关闭正常	

(二) 维护作业规范及要点

1. 做好安全防护措施

作业前必须先拉起驻车制动器和安装车轮挡块，以确保维护作业安全，如图 2 – 2 所示。

2. 检查车身外观（见图 2 –3）

（1）检查车身外观是否平整，曲面过渡是否均匀，有无凸凹变形、裂损和刮痕等。

（2）在车辆后方，单脚蹲下，目视车身是否倾斜。

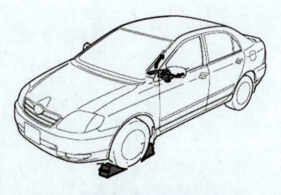

图 2 – 2　安装车轮挡块及拉驻车制动示意图

图 2 – 3　检查车身外观示意图

3. 检查发动机舱盖（见图 2-4）

（1）打开车门，拉起发动机舱盖、行李舱门和油箱盖释放杆。

（2）安装座椅套、转向盘套，打开发动机舱盖，将发动机舱盖支撑稳固，安装翼子板布、前格栅布。

（3）检查发动机舱盖固定螺栓是否松动，如果松动，则应按规定力矩拧紧。

（4）检查发动机舱盖锁锁扣是否活动自如。

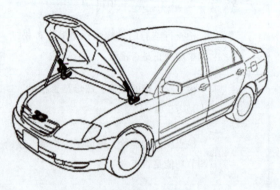

图 2-4　检查发动机舱盖示意图

提示：不同车型发动机舱盖打开方式不同，具体方法查看该车型《用户手册》或《维修手册》。

4. 检查车门（见图 2-5）

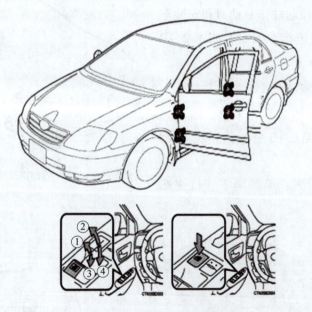

图 2-5　检查车门示意图

（1）检查四个车门的螺栓螺母是否松动，左手放在车门上面，右手放在车门下面，然后上下轻轻摇动车门，检查车门固定螺栓是否松动，然后再去检查车门与车身连接处的铰链是否良好。

（2）检查车门内外门把手作用：内锁锁止状态下，拉动内、外把手打不开车门；

内锁解锁状态下，拉动内、外把手都能打开车门。

（3）打开车门，确认车门打开顺畅，无异常噪声。

（4）操作电动车窗一键上升开关，检查电动车窗是否能正常关闭。

5. 检查门控灯开关（见图2-6）

将点火开关打到一挡，顶灯置于门控挡，分别检查四个车门，当车门打开时顶灯亮起，车门关闭时顶灯熄灭。

图2-6　检查门控灯开关示意图

6. 检查儿童锁（见图2-7）

儿童安全锁用于车辆的后车门，防止在车辆行驶中从车内打开车门而产生危险。在此装置起作用时，即使打开电控中控门锁，该装置仍处于锁止状态。如果想要打开后门，只能在中控门锁开启的状态下，用车门外侧的开关拉开车门。

儿童锁开关位置在后车门，若将开关拨至锁止侧，进入车内，关闭车门，则从车内不能打开车门，从车外能够打开车门。

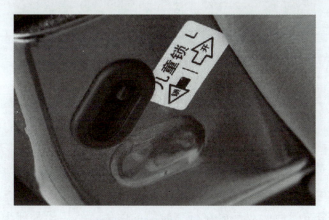

图2-7　检查儿童锁示意图

7. 检查油箱盖

（1）检查确保油箱盖或者垫片都没有变形或者损坏，如图 2 - 8 所示，同时检查真空阀是否锈蚀或者粘住。

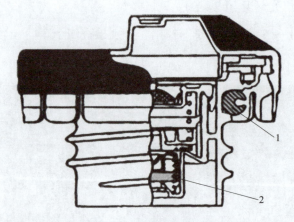

图 2 - 8　检查油箱盖示意图

1—垫片；2—真空阀

（2）检查附件情况，通过检查确保油箱盖能够被正确上紧。

检查扭矩限制器工作情况，安装油箱盖，如图 2 - 9 所示。进一步上紧油箱盖，确保油箱盖发出"咔嗒"声而且能够自由转动。

图 2 - 9　检查扭矩限制器示意图

8. 检查行李舱门（见图 2 - 10）

（1）双手放在行李舱门处，向上打开行李舱门。

（2）打开行李舱门后，双手放在行李舱门的两侧，然后沿外侧上下用力摇动行李舱门，检查其螺栓、螺母是否松动。

（3）检查行李舱锁是否正常。

图 2 – 10　检查行李舱门示意图

9. 检查安全带

（1）检查自动锁紧器，如图 2 – 11 所示。

检查座椅安全带的螺栓、螺母是否松动，检查安全带状况是否良好。左手拿住安全带插扣，右手拉住安全带上部，然后用力快速地向下一拉，此时安全带应该会停住，如不会停住则为锁止失效。

（2）检查锁扣，如图 2 – 12 所示。

检查安全带锁扣是否正常。将安全带插入锁扣后，应能锁止。

图 2 – 11　检查安全带自动锁紧器示意图

图 2 – 12　检查安全带锁扣示意图

（3）检查解锁按钮，按下释放按钮应能弹出。

10. 检查座椅（见图 2 – 13）

（1）检查座椅固定螺栓是否松动。

（2）检查座椅的调节功能是否正常。

图 2 – 13　检查座椅示意图

11. 检查电动天窗

检查并确认电动天窗工作正常。

（1）打开天窗，如图 2 – 14 所示。

打开，即向后滑动，也可从上倾位置打开天窗。再次快速滑动并松开此开关，可中途停止操作。

（2）关闭天窗，如图 2 – 15 所示。

关闭，即向前滑动，天窗停在上倾位置。再次滑动并保持此开关，即可完全关闭天窗；再次快速滑动并松开此开关，可中途停止操作。

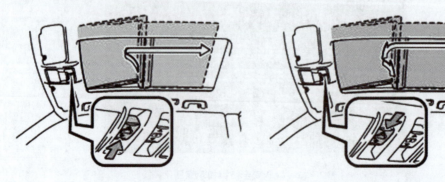

图 2 – 14　打开天窗示意图　　　　　图 2 – 15　关闭天窗示意图

四、任务实施

（一）操作准备

准备维护操作所需的物料，见表2-2。

表2-2　物料准备

类别	所需物料
教学车辆/实训平台	实训车辆
设备、仪器、工具	车轮挡块、车辆内外三件套、常用维修工具、维修手册

（二）制订计划

1. 制订车身检查与维护计划

依据车身检查与维护相关知识及车辆维修手册、保养手册，制订车身检查与维护作业计划，并将维护项目、所需工具设备、安全注意事项、技术要求等相关信息填写在表2-3中。

表2-3　车身检查与维护

序号	维护项目	安全防护要点	技术要求
	检查车身外观		
	检查车门		

（三）任务实施

各小组制订完计划后，轮值组长在作业开始前，明确安全员、质检员、操作员、监督员、管理员等人员，安排落实好每个小组成员的工作职责，然后严格按照制订的计划进行作业，如发现计划不合理，应及时进行修改和完善。

五、检查评价

对本任务的学习情况进行检查，并将相关内容填写在表2-4中。

表2-4 检查表

检查项目	检查结果	自评	小组互评	教师点评
是否具有安全意识、质量意识、环保意识、创新意识、工匠精神及良好的职业素养	是☐ 否☐			
是否严格遵守安全操作规程	是☐ 否☐			
是否能正确描述车身维护重要性、作业内容及技术要求	是☐ 否☐			
是否规范完成车身外观的检查	是☐ 否☐			
是否规范检查发动机舱盖及锁	是☐ 否☐			
是否规范完成车门的检查	是☐ 否☐			
是否规范完成油箱盖的检查	是☐ 否☐			
是否规范行李舱门及锁的检查	是☐ 否☐			
是否规范完成安全带的检查	是☐ 否☐			
是否规范完成座椅的检查	是☐ 否☐			
是否规范完成天窗的检查	是☐ 否☐			
工具设备是否整理并放至指定位置	是☐ 否☐			
实训工位是否打扫干净	是☐ 否☐			

六、总结反思

1. 完成本任务应了解哪些知识？

2. 完成车身检查与维护作业，应掌握哪些技能要点及注意事项？

3. 完成本任务存在的不足及改进措施。

七、知识拓展

维修车间工作流程

如图 2 – 16 所示，维修车间的工作流程通常包括预约、接待、工作分配、维修、最终检查、维修交付和维修后续工作。

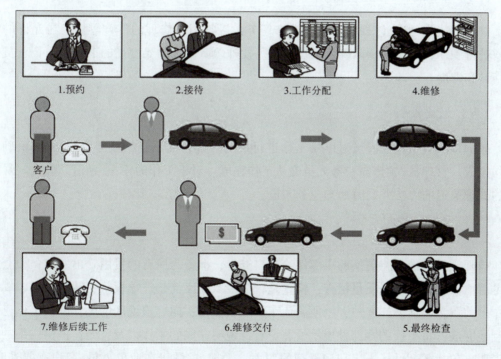

图 2 – 16　维修车间的工作流程

（一）预约

客户准备送车辆去修理厂、4S 店维修前，通常需先与修理厂、4S 店预约，维修厂的业务人员会倾听客户的维修要求，并记录维修类型/日期/时间/估算工期和维修费。业务人员会在预约时间前一天重新确认预约事项，安排预约并通知管理员和配件部门，

与管理员、领队和配件部门一起安排客户车辆维修事宜，管理员/领班当然也会和业务人员、配件部门一起协调工作。

（二）接待

客户到达后业务人员要问候客户，向客户说明维修工作，特别是所需要的时间和费用。取得客户对工作的批准后，填写修理单，记录下客户的要求，检查维修记录，进行车辆全身检查，并将修理单转交给管理员/领班，以便调度技术员。如果需要，管理员/领班会根据业务人员/客户的要求对车辆进行诊断。

（三）工作分配

管理员/领班根据完成工作所要求的时间和技术水平将工作分配给维修人员。

（四）维修

技术员接收/检查修理单，确认维修任务；接收用于修理的订购零件；在允许的时间内进行工作，向技师领队确认工作完成。技师领队对技术难度高的工作，向技术员提供指导和帮助。

（五）最终检查

技师领队或质量检验员对维修工作进行最后检查，如果合格就向管理员/领班确认工作完成。管理员/领班向业务人员确认工作完成。对于工作的停止/延迟，应决定最有效的处理推迟的方法并及时通知业务人员。

（六）维修交付

技师或领班准备将更换的零部件给客户查看；准备为所有的费用开出发票；检查车辆是否清洁；进行维修质量检查；检查是否已经取下座椅垫、地板垫、转向盘罩、翼子板布、前罩；电话通知客户，以便确认车辆准备交付；向客户说明情况，确认工作已经顺利地完成；将更换的零部件展示给客户看，说明完成的工作以及益处；提供详细的发票说明，包括零部件、人工和润滑剂的费用。管理员/领班在业务人员/客户有要求时，要提供技术说明或建议。

（七）维修后续工作

业务人员要向客户确认，客户对所完成的工作是否完全满意，有什么意见或建议，以及客户满意率。另外，业务人员还要向客户提示下次的维护保养时间。

项目三

电气系统检查与维护

项目简介

电气系统是汽车非常重要的组成部分之一，其技术状况直接影响汽车的行驶安全性。本项目包括4个任务，分别是任务1　电源系统检查与维护、任务2　照明与信号系统检查与维护、任务3　空调系统检查与维护、任务4　喷洗器和刮水器检查与维护，主要描述了汽车电源系统、照明与信号系统、空调系统、喷洗器和刮水器维护的重要性及相关知识，维护作业项目及技术要求，维护作业规范等，通过制订计划、任务实施、检查评价等环节，培养学生良好的职业素养、质量意识、安全意识、工匠精神等，提升学生在汽车电源系统、照明与信号系统、空调系统、喷洗器和刮水器维护方面的知识及相关实操能力。

任务1　电源系统检查与维护

 **学习目标**

知识微课

1. 具有良好的职业素养、质量意识、环保意识、安全意识、创新意识、工匠精神。

2. 爱岗敬业、乐业、精业，忠于职守，规范作业。

3. 能够清晰地表达清楚自己的意见和感受。

4. 了解汽车电源系统的功用及出现故障后的影响，进行维护的重要性及目的；能正确描述电源系统维护作业项目内容、技术要求、作业规范。

5. 能正确、规范地利用工具设备对电源系统进行维护作业。

一、任务描述

电源系统主要由蓄电池、发电机组成，其主要功能是发电并储存电能，给汽车电气

设备供电，其技术状态的好坏会直接影响车辆的正常使用，如图 3 – 1 所示。蓄电池使用期限到了后没及时更换、蓄电池电解液液位变低，蓄电池就不能重新充电，其电压就会降低，从而导致不能起动发动机。本工作任务主要是检查电源系统蓄电池、发电机等部件及线路是否存在问题，并检查和调整发电机皮带松紧度，确保电源系统工作正常。

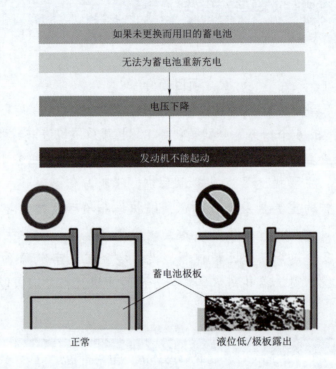

图 3 – 1 蓄电池影响示意图

二、任务解析

电源系统检查与维护主要是按照车辆保养手册规定的电源系统维护作业项目，依据维修手册规定的作业步骤、方法、技术要求对电源系统蓄电池电量、发电机发电状况等进行检查，工作思路如下。

（1）根据车型保养手册、维修手册或者相应的技术规范，明确作业项目，准备相关工具和配件。

（2）检查蓄电池安装及连接状况是否正常。

（3）检测蓄电池是否合格。

（4）检查发电机皮带状况及松紧度。

（5）检查发电机发电技术状况是否正常。

（6）竣工检查和工作现场"5S"。

三、相关知识

（一）电源系统维护注意事项

（1）蓄电池电解液含有硫酸，会严重烧伤皮肤或由于氧化而腐蚀其他物体。电解液喷溅在皮肤或衣服上时，要立刻用大量的清水洗掉。如果电解液接触眼睛，则应用水冲洗并及时就医。

（2）不要将自来水加入蓄电池中，因为自来水中的杂质会降低蓄电池的性能和寿命。

（3）如果添加的电解液超过了规定液位，则应抽掉多余的部分。液体过多会在充电时造成溢流，腐蚀端子和其他零件。

（4）发电机皮带不宜过紧，也不宜过松。过紧，发电机轴承易早期损坏；过松，皮带打滑，皮带易磨损，还会影响发电机发电效率。

（5）调整皮带松紧度时，应防止发动机意外起动，以防伤人。

（6）拆卸蓄电池时，一定要先拆负极，后拆正极；安装时，一定要先安装正极，后装负极。

（二）蓄电池充电

当蓄电池电量低于标准值时，应及时地对蓄电池进行充电，不仅可以确保蓄电池性能，还可以延长蓄电池的使用寿命。如图 3－2 所示。蓄电池充电分为常规充电和快速充电，常规充电是长时间用小电流对蓄电池进行充电，充电所需的时间与电流和电池放

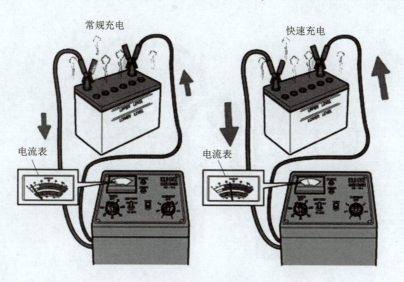

图 3－2　充电类型示意图

电时的情况一致。快速充电是在几个小时内，用大电流对蓄电池进行充电，快速充电会影响蓄电池的使用寿命。

如图 3 – 3 所示，对蓄电池进行充电前，应先用比重计测量电解液比重，检查电解液液面高度，如电解液液面偏低，则向蓄电池添加蒸馏水，使电解液液面达规定位置。

图 3 – 3　电解液比重测试要点示意图

注意：严禁向蓄电池加注自来水。

来自蓄电池充电器的电流流入蓄电池，此时，蓄电池内部会发生化学反应，于是，蓄电池电解液的比重就增加了，蓄电池的电量也会随之增加。如图 3 – 4 所示，在蓄电池发生化学反应过程中，蓄电池会产生氢气和氧气，附近的任何明火都会导致爆炸，因此蓄电池充电区域须严禁烟火。

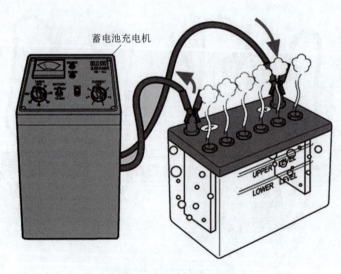

图 3 – 4　蓄电池充电示意图

注意： 蓄电池电解液中含有稀硫酸，如果它和衣物或者皮肤相接触，应立即用大量水冲洗被接触的区域。

在车上对蓄电池实施充电时应提前将蓄电池正、负端子拆下，并将蓄电池盖盖好，以防蓄电池电解液喷溅。

在充电过程中如果发现以下情况：即蓄电池已经充电，电压和比重没有改变、蓄电池没有产生气体、温度急速上升，则可能出现了短路等故障，此时应立即停止充电。

如图 3-5 所示，充电时，请注意蓄电池电解液的温度不能超过 45 ℃。如果温度超过 45 ℃，则必须降低充电电流或暂时停止充电。

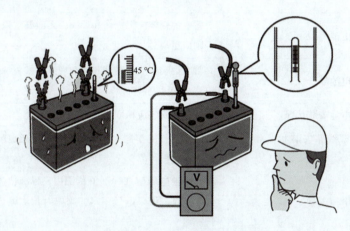

图 3-5 蓄电池车上充电要点示意图

如图 3-6 所示，当蓄电池产生的气体不断增加、蓄电池电解液的比重在 1.25～1.28 之间、蓄电池终端电压为 15～17 V 时，应停止充电。

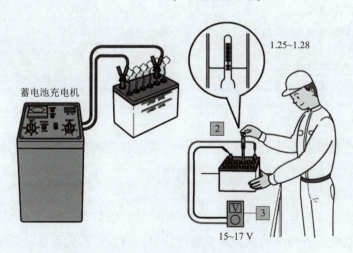

图 3-6 蓄电池充电完成测试示意图

（三）维护作业项目内容及技术要求

1. 电源系统检查

电源系统检查维护项目及技术要求见表 3 – 1。

表 3 – 1 电源系统检查维护项目及技术要求

序号	项目	技术要求	备注
1	清洁蓄电池	蓄电池表面应干净、无污物，通气孔应畅通、无堵塞	
2	检查蓄电池外观	蓄电池壳体应无损伤和裂纹，无泄漏现象，否则应更换	
3	检查蓄电池端子	蓄电池端子应无腐蚀和松动现象。如腐蚀，应清洁后再安装	
4	检查蓄电池安装状况	蓄电池安装应稳固，无松动现象	
5	检查电源线路安装状况和连接状况	线路安装应牢固，与其他部件应无碰擦现象，且连接可靠，无松动现象	
6	检测蓄电池电量	蓄电池电压应在标准值范围内，标准值为 11 ~ 14 V，如果电量不足，则应对蓄电池进行充电	
7	检查电解液液位	应在规定范围之内，各单格液面应一致	
8	检测蓄电池密度	1.25 ~ 1.28，单格之差最大值不能大于 0.05	免维护蓄电池无须做
9	检查发电机皮带	皮带完好，无损伤、无裂纹	
10	检查和调整发电机皮带松紧度	皮带松紧度应在规定范围内	
11	检查发电机工作状况	发动机运转后，充电指示灯自动熄灭，发电机工作正常，无异响	

2. 维护作业规范及要点

电源系统检查维护作业时，要求做到操作规范，流程合理，这样不仅可以避免安全事故，还能确保检查维护质量，提高工作效率。

1）安全防护措施

作业前必须先拉起驻车制动器和安装车轮挡块，做好安全防护，如图 3 – 7 所示。

进行电源系统检查与维护前，先安装座椅套、脚垫、转向盘套、翼子板布、前格栅布，如图 3 – 8 所示，以预防划伤及弄脏车辆。

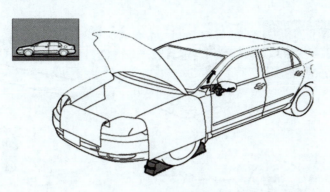

图 3 – 7　安全防护示意图

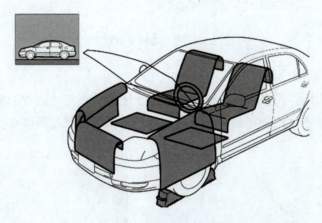

图 3 – 8　车辆防护示意图

提示： 翼子板布和前格栅布磁铁应吸附在车身金属位置，否则翼子板布和前格栅布会安装不稳。

2）清洁蓄电池

用干净布将蓄电池表面擦拭干净，清洁加液孔盖通风孔。如果蓄电池桩头氧化，则应拆卸清洁处理后再安装。

3）检查蓄电池。

如图 3 – 9 所示，检查蓄电池盖及外观是否有裂纹或者渗漏；检查蓄电池端子是否腐蚀；检查蓄电池端子及导线是否松动；检查蓄电池的通风孔塞是否损坏或者通风孔是否阻塞；检查蓄电池安装是否牢固；检查蓄电池线路安装状况和连接状况，线路安装牢固、连接可靠，无松动现象，与其他运动部件无碰擦。

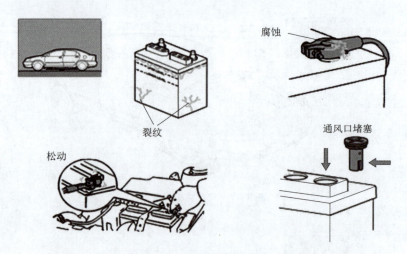

图 3 – 9　蓄电池检查示意图

4）检查电解液液位

如图 3 – 10 所示，用布将蓄电池外观擦拭干净，检查蓄电池各个单元的电解液液位是否处于上限和下限之间，如果电解液液面低于下限，则添加蒸馏水，并用比重计测量其比重。

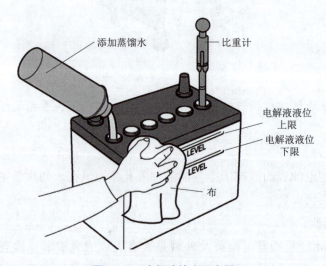

图 3 – 10　电解液检查示意图

提示：（1）如果很难确定电解液液位，则通过轻轻摇晃汽车检查，同时可以通过拆卸一个通风孔塞并从该孔中看检查电解液液位。

（2）某些类型的蓄电池可以通过蓄电池指示器查看液位和蓄电池状况，指示器显示蓝色说明正常，红色则表示电解液不足，白色则说明需要充电，如图 3 – 11 所示。

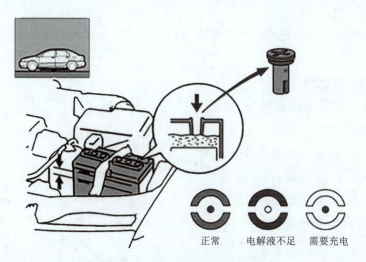

正常　　电解液不足　　需要充电

图 3 – 11　蓄电池指示器示意图

5）检测电解液密度

通常用比重计测试电解液密度，如图 3 – 12 所示。当蓄电池电解液温度为 20 ℃时，检查蓄电池所有单元的比重是否在 1.250 和 1.280 之间，蓄电池各单元之间的比重偏差须低于 0.025。如果测量时蓄电池电解液温度不是 20 ℃，则将该温度下的比重换算成 20 ℃温度下的比重，换算公式如下：

$$S = S_t + 0.0007 \times (T - 20)$$

式中：S——电解液 20 ℃时的比重；

S_t——电解液比重测量值；

T——测量比重时的温度。

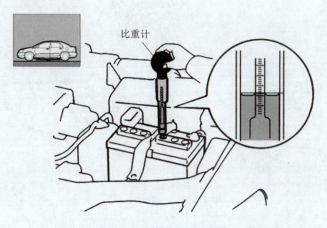

比重计

图 3 – 12　电解液密度检测

6）检测蓄电池电量

用蓄电池检测仪可自动检测判断蓄电池性能好坏，但检测时需正确选择相应的蓄电池参数。

7）检查发电机皮带

检查发电机皮带的张紧度情况、是否损坏及其安装状况。

如图 3 - 13 所示，检查发电机皮带的张紧度，可用张紧计或通过用手指按压传动皮带检查松紧程度；观察传动皮带的整个外围可见皮带是否有磨损、裂纹、层离或者其他损坏，如果无法检查皮带的整个外围，则通过在发动机转动方向转动曲轴带轮检查皮带；检查皮带，以确保其已正确地安装在皮带轮槽内。

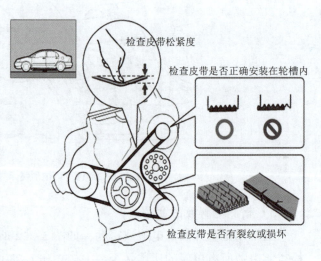

图 3 - 13　发电机皮带检查示意图

8）调整发电机皮带张紧度

皮带的张紧方式有无惰轮类型（有调整螺栓）、无惰轮类型（无调整螺栓）和惰轮类型，如图 3 - 14 所示，其调整皮带张紧度的方法不同。

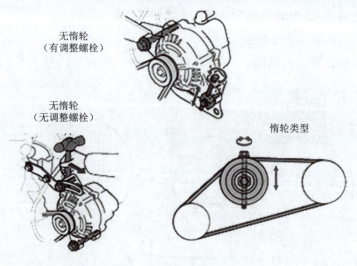

图 3 - 14　皮带张紧方式

（1）无惰轮类型（有调整螺栓）皮带张紧度调整方法如图 3 - 15 所示，即先松开发电机的安装螺栓和紧固螺栓，然后通过转动调整螺栓来调整皮带张紧度，向右旋转调整螺栓，张紧度减小；向左旋转调整螺栓，张紧度增大。皮带张紧度调整完成后，按规定力矩扭紧固定螺栓和安装螺栓。

注意：如果在松开固定螺栓以前旋转调整螺栓，调整螺栓就可能会发生变形。

（2）对于无惰轮类型（无调整螺栓）皮带张紧度调整方法，如图 3－16 所示，松开安装螺栓（A）和安装螺栓（B），然后用一个杠杆（或一把锤子等），将杠杆的端部放在一个不会变形的地方（一个很硬的区域），比如气门室盖或者气缸体，并将杠杆顶住发电机不会变形的区域（靠近调整托架而非发动机的中心），朝箭头方向移动杠杆，通过移动发电机来调节传动皮带的张紧度，然后上紧安装螺栓。当皮带张紧度合适时，按规定力矩扭紧安装螺栓 A 和安装螺栓 B。

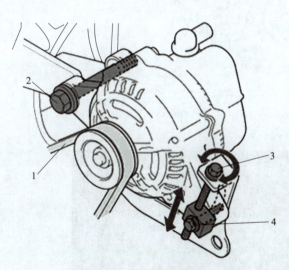

图 3－15　无惰轮类型皮带张紧度调整方法

1—皮带；2—安装螺栓；3—调整螺栓；4—固定螺栓

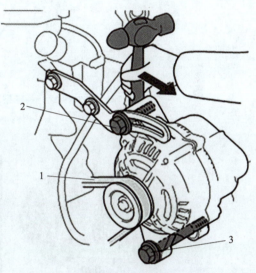

图 3－16　无惰轮类型（无调整螺栓）
皮带张紧度调整示意图

1—皮带；2—安装螺栓 B；3—安装螺栓 A

（3）对于有惰轮类型皮带张紧度的调整方法，如图 3－17 所示，松开锁止螺母，然后通过转动调整螺栓来调整皮带张紧度，向右旋转调整螺栓，张紧度减小；向左旋转调整螺栓，张紧度增大。传动皮带张紧度调整合适后，按照规定的力矩扭紧锁止螺母。

9）检查发电机工作状况

检查发电机前、后端盖及皮带轮无裂纹、变形。发动机正常运转后，充电指示灯应熄灭，发电机无异常响声。

当点火开关在"ON"挡时，充电指示灯亮，当起动发动机以后，系统无故障时警告灯熄灭。如果充电系统在某处存在故障，则警告灯变亮，如图 3－18 所示。

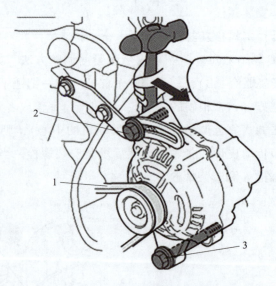

图 3 – 17　惰轮型皮带张紧度调整示意图

1—惰轮；2—调整螺栓；3—皮带；4—锁止螺母

图 3 – 18　充电指示灯检查示意图

四、任务实施

（一）操作准备

准备维护操作所需的物料，见表 3 – 2。

表 3 – 2　物料准备

类别	所需物料
教学车辆/实训平台	实训车或电源系统实训平台
设备、仪器、工具	比重计、蓄电池充电机、蓄电池检测仪、维修手册

(二) 制订计划

制订电源系统检查与维护计划。

依据电源系统维护相关知识及车辆维修手册、保养手册，制订电源系统检查与维护作业计划，并将维护项目、所需工具设备、安全注意事项、技术要求等相关信息填写在表 3-3 中。

表 3-3　电源管理系统检查与维护作业计划

序号	维护项目	安全防护要点	技术要求
	检查蓄电池安装状况		
	调整发电机皮带张紧度		

(三) 任务实施

各小组制订完计划后，轮值组长在作业开始前，明确安全员、质检员、操作员、监督员、管理员等人员，安排落实好每个小组成员的工作职责，然后严格按照制订的计划进行作业，如发现计划不合理，应及时进行修改、完善。

五、检查评价

对本任务的学习情况进行检查，并将相关内容填写在表 3-4 中。

表 3-4　检查表

检查项目	检查结果	自评	小组互评	教师点评
是否具有安全意识、质量意识、环保意识、创新意识、工匠精神及良好的职业素养	是□　否□			

续表

检查项目	检查结果	自评	小组互评	教师点评
是否严格遵守安全操作规程	是□ 否□			
是否能正确描述电源系统维护重要性、作业内容及技术要求	是□ 否□			
是否规范完成蓄电池安装状况的检查	是□ 否□			
是否规范完成蓄电池连接状况的检查	是□ 否□			
是否规范完成蓄电池的性能检测	是□ 否□			
是否规范检查发动机皮带张紧度	是□ 否□			
是否规范检查发电机技术状况	是□ 否□			
能否正确规范地对蓄电池进行充电	是□ 否□			
工具设备是否整理并放至指定位置	是□ 否□			
实训工位是否打扫干净	是□ 否□			

六、总结反思

1. 完成本任务应了解哪些知识？

2. 完成本系统维护作业，应掌握哪些技能要点及注意事项？

3. 完成本任务存在的不足及改进措施。

七、知识拓展

免维护蓄电池保养方法以及注意事项

现在轿车大部分装有密封全免维护蓄电池，其保养方法以及注意事项如下。

一、保养要求

（1）检查蓄电池在车上固定良好，外壳表面无损伤。

（2）蓄电池电缆连接可靠，排气孔畅通。

（3）通过蓄电池上的电眼检查充电情况和质量状态，绿色表示合格，黑色表示亏电，白色表示电池损坏需要更换。

二、补充充电

（1）如果长时间不使用车辆或充电系统有故障，当蓄电池负载电压低于 10 V、空载电压低于 12.4 V 时必须补充充电。

（2）采风恒电限流充电方法，多只蓄电池充电必须采用串联连接。

（3）充电第一阶段，以蓄电池容量的 1/10 电流充电，其充电电流为 6 A。充电至平均每只电池电压达到 16 A 后转为第二阶段充电。

（4）充电第二阶段，以蓄电池容量 ×0.045 的电流充电，如 6 - QW - 60 蓄电池，充电电流为 $60 \times 0.045 = 2.7$（A）。充电至平均每只电池电压达到 16 V 后再继续充 3 ~ 5 h。

（5）充电时电解液温度超过 40 ℃时，应停止充电，减少电流或物理降温。当温度达到 45 ℃时必须停止充电。

（6）充电间保证良好通风，不许有明火和易燃物。

（7）充足电标准，电眼为绿色。

三、快速充电

（1）快速充电仅限于汽车不能启动的应急措施，时间容许的条件下尽量采用普通充电机。

（2）快速充电电流为蓄电池容量的 3/10。

（3）快速充电时间不超过 2 h。

任务2　照明与信号系统检查与维护

 学习目标

知识微课

1. 能充分听取他人的意见和建议。

2. 了解汽车照明与信号系统的功用及出现故障后的影响，进行维护的重要性及目的；能正确描述汽车仪表照明系统维护作业项目内容、技术要求和作业规范。

3. 能正确、规范地利用工具设备对汽车照明与信号系统进行检查与维护作业。

一、任务描述

为了汽车满足行驶需要，汽车上安装了防雾灯、行车灯和前照灯；为预防交通安全事故，及时给行驶车辆或行人反馈行驶信息，车辆安装了转向灯、制动灯、喇叭等装置；为让驾驶员及时掌握车辆运行技术状况，汽车仪表上设置了燃油表、车速表、机油压力警告灯、冷却液温度警告指示灯、发动机故障指示灯等信号装置。汽车行驶一定里程或时间后，汽车的灯光、信号难免会出现故障，从而影响行车安全。如图3－19所示，如果前照灯烧毁，夜间就不能行驶；如果转向信号灯烧毁，改变车道或左右转弯时就很危险；如果制动灯灯泡烧毁，车辆突然制动会有后端碰撞的危险。照明信号系统检查与维护就是及时地对车辆的各种灯光、信号指示灯进行检查，以维持车辆良好的技术状况，促进行车安全。

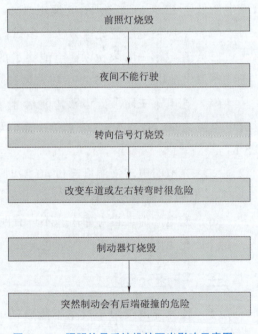

图3－19　照明信号系统维护不当影响示意图

二、任务解析

照明与信号系统检查与维护主要是按照车辆保养手册规定的维护作业项目，依据维

修手册规定的作业步骤、方法和技术要求进行对车辆各信号指示灯功能、车灯功能及安装状况等进行检查，工作思路如下。

（1）根据车型保养手册、维修手册或者相应的技术规范，明确作业项目、准备相关工具和配件。

（2）检查各车灯及开关是否正常。

（3）检查各信号灯及开关工作是否正常。

（4）工作现场"5S"。

三、相关知识

（一）汽车常见警告信号指示灯图形符号及作用

汽车常见报警灯图形符号及作用见表3-5。

表3-5 汽车常见报警灯图形符号及作用

序号	图形	颜色	名称	作用
1		红色	车门状态指示灯	显示车门是否完全关闭的指示灯，车门打开或未能关闭时，相应的指示灯亮起，提示车主车门未关好，车门关闭后熄灭
2		红色	驻车指示灯	驻车制动手柄（即手刹）拉起时，此灯点亮；制动手柄被放下时，该指示灯自动熄灭。在有的车型上，制动液不足时此灯会亮
3		红色或橙色	电瓶指示灯	显示蓄电池工作状态的指示灯。接通电门后亮起，发动机起动后熄灭。如果不亮或常亮不灭，应立即检查发电机及电路
4		红色或橙色	制动盘指示灯	显示制动盘片磨损情况的指示灯。正常情况下此灯熄灭，点亮时提示车主应及时更换故障或磨损过度制动片，修复后熄灭
5		红色	机油指示灯	显示发动机机油压力的指示灯，本灯亮起时表示润滑系统失去压力，可能有渗漏，此时需立即停车关闭发动机进行检查

续表

序号	图形	颜色	名称	作用
6		红色或橙色	水温指示灯	显示发动机冷却液温度过高的指示灯，此灯点亮报警时，应即时停车并关闭发动机，待冷却至正常温度后再继续行驶
7		红色或橙色	安全气囊指示灯	显示安全气囊工作状态的指示灯，接通电门后点亮，3~4 h 后熄灭，表示系统正常，不亮或常亮表示系统存在故障
8		红色或橙色	ABS 指示灯	接通电门后点亮，3~4 s 后熄灭，表示系统正常。不亮或常亮则表示系统故障，此时可以继续低速行驶，但应避免紧急制动
9		红色或橙色	发动机自检灯	发动机工作状态的指示灯，接通电门后点亮，3~4 s 后熄灭，发动机正常。不亮或常亮表示发动机故障，需及时进行检修
10		红色或橙色	燃油指示灯	提示燃油不足的指示灯，该灯亮起时，表示燃油即将耗尽，一般从该灯亮起到燃油耗尽之前，车辆还能行驶 50 km 左右
11		红色或橙色	清洗液指示灯	显示风挡清洗液存量的指示灯，如果清洗液即将耗尽，该灯点亮，提示车主及时添加清洗液。添加清洁液后，指示灯熄灭
12		红色或橙色	电子油门指示灯	本灯多见于大众公司的车型中，车辆开始自检时，EPC 灯会点亮数秒，随后熄灭，出现故障，本灯亮起，应及时进行检修
13		绿色	前后雾灯指示灯	该指示灯是用来显示前后雾灯的工作状况，前后雾灯接通时，两灯点亮，图中左侧的是前雾灯显示，右侧为后雾灯显示
14		绿色	转向指示灯	转向灯亮时，相应的转向灯按一定频率闪烁。按下双闪警示灯按键时，两灯同时亮起，转向灯熄灭后，指示灯自动熄灭
15		白色或蓝色	远光指示灯	显示前照灯是否处于远光状态，通常的情况下该指示灯为熄灭状态。在远光灯接通和使用远光灯瞬间点亮功能时亮起

续表

序号	图形	颜色	名称	作用
16		红色或橙色	安全带指示灯	显示安全带状态的指示灯，按照车型不同，灯会亮起数秒进行提示，或者直到系好安全带才熄灭，有的车还会有声音提示
17	O/D OFF	红色或橙色	O/D挡指示灯	O/D挡指示灯用来显示自动挡的O/D挡（Over-Drive）即超速挡的工作状态，当O/D挡指示灯闪亮时，说明O/D挡已锁止
18		绿色	内循环指示灯	该指示灯用来显示车辆空调系统的工作状态，平时为熄灭状态。当打开内循环按钮，车辆关闭外循环时，该指示灯自动点亮
19		绿色	示宽指示灯	示宽指示灯用来显示车辆示宽灯的工作状态，平时为熄灭状态，当示宽灯打开时，该指示灯随即点亮
20	VSC	红色或橙色	VSC指示灯	该指示灯用来显示车辆VSC（电子车身稳定系统）的工作状态，多出现在日系车上。当该指示灯点亮时，说明VSC系统已被关闭
21		红色或橙色	TCS指示灯	该指示灯用来显示车辆TCS（牵引力控制系统）的工作状态，多出现在日系车上。当该指示灯点亮时，说明TCS系统已被关闭

（二）照明信号系统检查与维护项目及技术要求

照明信号系统检查与维护项目及技术要求具体见表3-6。

表3-6　照明信号系统检查与维护项目及技术要求

序号	项目	技术要求	备注
1	检查仪表板照明灯点亮	打开小灯开关，仪表板照明灯应点亮且亮度应符合要求	
2	检查车门状态指示灯	车门打开或未能关闭时，相应的指示灯亮起，车门关闭后熄灭	
3	检查驻车指示灯	驻车制动手柄（即手刹）被拉起时，此灯点亮；制动手柄被放下时，该指示灯自动熄灭	

续表

序号	项目	技术要求	备注
4	检查电瓶指示灯	接通电后亮起，发动机起动后熄灭。如果不亮或常亮不灭，应立即检查发电机及电路	
6	检查机油指示灯	打开点火开关，本灯亮起，发动机起动后，该灯熄灭。如果该灯在发动机起动后仍然亮起，表示润滑系统失去压力，可能有渗漏，此时需立即停车关闭发动机进行检查	
8	检查安全气囊指示灯	显示安全气囊工作状态的指示灯，接通电门后点亮，3～4 s 后熄灭，表示系统正常，不亮或常亮表示系统存在故障	免维护蓄电池不需做
9	检查 ABS 指示灯	接通电门后点亮，3～4 s 后熄灭，表示系统正常。不亮或常亮则表示系统故障，此时可以继续低速行驶，但应避免紧急制动	
10	检查发动机自检灯	发动机工作状态的指示灯，接通电门后点亮，3～4 s 后熄灭，发动机正常。不亮或常亮表示发动机故障，需及时进行检修	
11	检查燃油指示灯	接通电门后点亮，3～4 s 后熄灭，表示正常。该灯亮起时表示燃油即将耗尽	
12	检查示宽灯	打开示宽灯开关，示宽灯及指示灯应点亮且亮度应符合要求。示宽灯安装牢固，外观无污垢、无裂纹	
13	检查牌照灯点亮	打开示宽灯开关，牌照灯应点亮且亮度应符合要求。牌照灯安装牢固，外观无污垢和裂纹	
14	检查尾灯点亮	打开示宽灯开关，尾灯应点亮且亮度应符合要求。尾灯安装牢固，外观无污垢、无裂纹	
15	检查前照灯（近光）点亮	打开前照灯近光开关，前照灯应点亮且亮度、高度应符合要求，前照灯安装牢固，外观无污垢、无裂纹	
16	检查前照灯（远光）和指示灯点亮	打开前照灯远光开关，前照灯及指示灯应点亮且亮度、高度应符合要求	
17	检查前照灯闪光开关和指示灯点亮	打开前照灯闪光开关，前照灯及指示灯应闪亮，且亮度应符合要求	
18	检查转向信号灯和指示灯点亮及转向开关自动返回功能	打开转向灯开关，转向灯应点亮且亮度应符合要求，方向回正后，转向灯自动熄灭。转向灯安装牢固，外观无污垢、无裂纹	

续表

序号	项目	技术要求	备注
19	检查危险警告灯和指示灯点亮	打开危险警告灯开关，危险警告灯及指示灯应点亮且亮度应符合要求，外观无污垢、无裂纹	
20	检查制动灯点亮（尾灯点亮时）	踩下制动踏板，制动灯应点亮且亮度应符合要求	
21	检查倒车灯点亮	挂倒挡时，倒车灯应点亮且亮度应符合要求，外观无污垢、无裂纹	
22	检查顶灯点亮	打开顶灯开关，顶灯应点亮且亮度应符合要求。顶灯安装牢固，外观无污垢、无裂纹	
23	检查门控灯开关工作情况（顶灯和指示灯工作）	将顶灯开关置于"DOOR"挡，打开车门或车门未完全关闭时，顶灯及门控指示灯点亮，车门完全关闭后，顶灯及门控指示灯熄灭	
24	车灯安装状况及是否损坏或有污物检查	车灯安装牢固、无松动现象，外观无破损，无污物，灯内无水	

（三）检查仪表信号工作情况

（1）打开点火开关，检查仪表上安全气囊警告指示灯、ABS指示灯、燃油指示灯等警告指示灯、发动机自检灯是否点亮，各系统自检。几秒钟过后，如系统无故障，则各警告指示灯熄灭。然后将挡位挂入"P"挡位，检查挡位指示是否在"P"挡位。如图3-20所示。

图 3-20　仪表指示灯工作状况

（2）将点火开关置于"ON"挡时，打开小灯开关，此时，仪表板照明灯应点亮，如图3-21所示。

（3）检查车门状态指示灯，开关车门，观察车门状态指示灯是否正常点亮和熄灭，关闭车门后指示灯熄灭，开车门时指示灯点亮，如图3-22所示。

图 3 – 21　仪表板照明灯

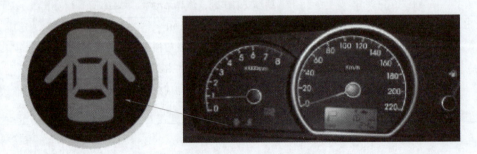

图 3 – 22　车门状态指示灯

（4）检查驻车指示灯。当点火开关位于"ON"挡时，检查以确保当拉动驻车制动杆时，在拉动驻车制动杆到达第一个槽口前，指示灯就已经发光，如图 3 – 23 所示。如果是电子驻车，则打开驻车制动开关时，驻车制动指示灯应点亮。

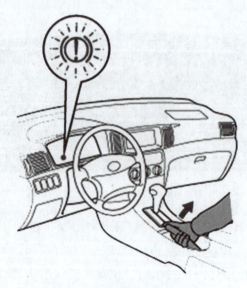

图 3 – 23　检查驻车指示灯

（5）检查充电指示灯，打开点火开关，发动机未起动时充电指示灯应点亮，发动机正常工作后指示灯应熄灭。如果充电系统在某处存在故障，则警告灯变亮，如图 3 – 24 所示。

图 3 – 24 充电指示灯

（6）检查机油压力警告指示灯，当点火开关在"ON"挡，发动机未起动时，检查该警告灯是否常亮，然后起动发动机，发动机正常运转后指示灯熄灭则正常，否则说明机油压力过低，应及时排查故障。如图 3 – 25 所示。

图 3 – 25 机油压力警告指示灯

（四）检查照明灯及相关指示灯是否正常

（1）检查示宽灯、牌照灯、尾灯是否正常。如图 3 – 26 所示，将点火开关旋至"ON"挡后，将灯光控制开关旋动一挡，观察仪表板照明灯是否点亮且亮度是否达到要求，然后检查示宽灯、牌照灯、尾灯是否亮起；轻摇尾灯，检查尾灯安装状况，尾灯安装应稳固，外观无污垢、无破损。

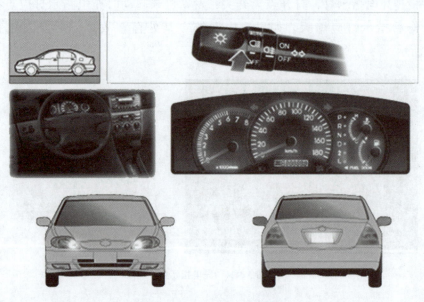

图 3 - 26　示宽灯及牌照灯检查

（2）检查前照灯（近光、远光）是否正常。如图 3 - 27 所示，将灯光控制开关旋转两挡后，检查前照灯（近光灯）是否发光。

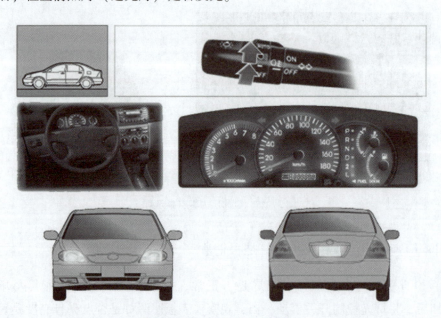

图 3 - 27　前照灯检查示意图

将变光器开关向下压，检查前照灯（远光灯）及指示灯是否发光，如图 3 - 28 所示。另外轻摇前照灯，检查尾灯安装状况，前照灯安装应稳固，外观无污垢、无破损。

前照灯远光指示灯

图 3 - 28　前照灯远光检查示意图

（3）检查前照灯闪光开关和指示灯是否正常。如图 3 - 29 所示，当把变光器开关向上下移动时，前照灯应闪亮，否则灯开关或控制线路存在故障。

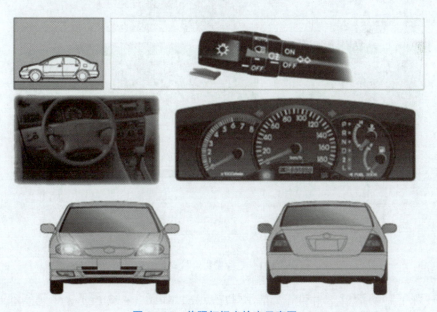

图 3 - 29　前照灯闪光检查示意图

（4）检查转向灯及转向指示灯是否正常。分别向左、向右拨动转向灯开关后，查看前、后及侧面的转向灯是否点亮，仪表上的转向指示灯是否点亮，如图 3 - 30 所示。

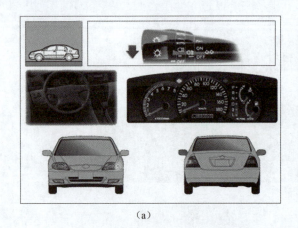
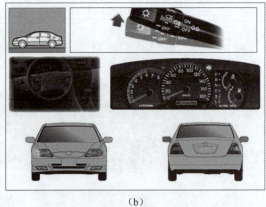

(a)　　　　　　　　　　　　　　　　　　(b)

图 3 – 30　转向灯检查示意图
(a) 左转向灯检查；(b) 右转向灯检查

（5）按下危险警告灯开关，检查危险警告灯及指示灯是否正常点亮和闪烁，如图 3 – 31 所示。

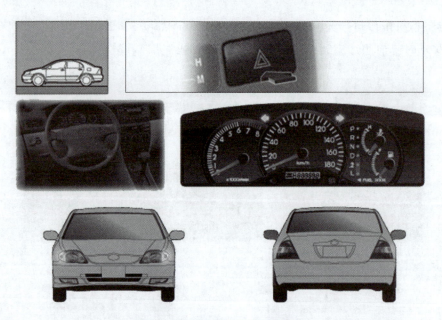

图 3 – 31　危险警告灯检查示意图

（6）踩下制动踏板，制动灯及指示灯应点亮，如图 3 – 32 所示，否则制动开关或控制线路可能存在故障。

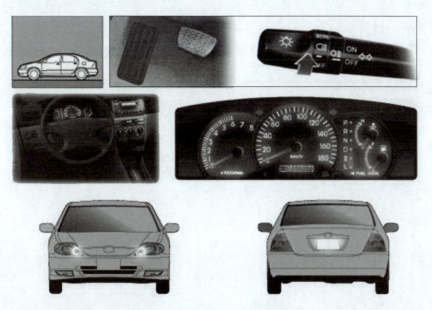

图 3 - 32 制动灯及指示灯检查

（7）挂入倒车挡，倒车灯应点亮，如图 3 - 33 所示，如果此时倒车灯不能正常点亮，应排查相关故障。

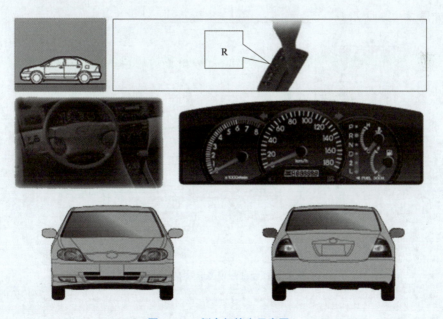

R

图 3 - 33 倒车灯检查示意图

（8）检查顶灯，将顶灯开关置于"ON"挡，顶灯点亮；将顶灯开关置于"DOOR"挡，打开车门时，顶灯及指示灯应点亮，如图 3 - 34 所示。

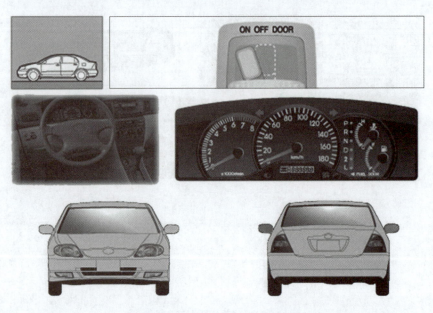

图 3 – 34　车内顶灯检查示意图

（9）检查车灯的安装状况，如车灯是否松动，同时检查是否损坏或有污物。可以通过检查各灯的灯罩和反光镜是否褪色或者因为碰撞而损坏，灯内是否有污物或者有水进入，如图 3 – 35 所示。

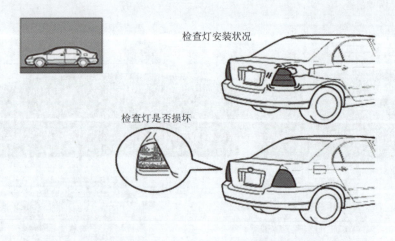

图 3 – 35　车灯安装状况及是否损坏检查示意图

四、任务实施

（一）操作准备

准备维护操作所需的物料，见表3-7。

表3-7　物料准备

类别	所需物料
教学车辆/实训平台	实训车
设备、仪器、工具	常用维修工具、维修手册

（二）制订计划

制订仪表照明信号系统检查与维护计划。

依据照明信号控制系统维护相关知识及车辆维修手册、保养手册，制订照明信号系统检查与维护作业计划，并将维护项目、所需工具设备、安全注意事项、技术要求等相关信息填写在表3-8中。

表3-8　仪表照明控制数据记录

序号	维护项目	安全防护要点	技术要求
	检查前照灯		
	检查倒车灯		

（三）任务实施

各小组制订完计划后，轮值组长在作业开始前，明确安全员、质检员、操作员、监督员、管理员等人员，安排落实好每个小组成员的工作职责，然后严格按照制订的计划进行作业，如发现计划不合理，应及时进行修改、完善。

五、检查评价

对本任务的学习情况进行检查，并将相关内容填写在表3-9中。

表3-9　检查表

检查项目	检查结果	自评	小组互评	教师点评
是否具有安全意识、质量意识、环保意识、创新意识、工匠精神及良好的职业素养	是□　否□			
是否严格遵守安全操作规程	是□　否□			
是否能正确描述照明与信号维护重要性、作业内容及技术要求	是□　否□			
是否规范完成仪表警告信号灯的检查	是□　否□			
是否规范完成前照灯远光及指示灯的检查	是□　否□			
是否规范完成示宽灯的检查	是□　否□			
是否规范完成转向灯及指示灯的检查	是□　否□			
是否规范完成制动灯及指示灯的检查	是□　否□			
是否规范完成防雾灯及指示灯的检查	是□　否□			
是否规范完成车内顶灯的检查	是□　否□			
是否规范完成应急警告灯及指示灯的检查	是□　否□			
是否规范完成灯总安装状况的检查	是□　否□			
是否规范完成倒车灯及指示灯的检查	是□　否□			
是否规范完成充电指示灯的检查	是□　否□			
工具设备是否整理并放至指定位置	是□　否□			
实训工位是否打扫干净	是□　否□			

六、总结反思

1. 完成本任务应了解哪些知识？

2. 完成本系统维护作业，应掌握哪些技能要点及注意事项？

3. 完成本任务存在的不足及改进措施。

七、知识拓展

LED 灯

LED（Light-Emitting-Diode，中文意思为发光二极管）是一种能够将电能转化为可见光的半导体，如图 3 – 36 所示，它改变了白炽灯钨丝发光与节能灯三基色粉发光的原理，而采用电场发光。据分析，LED 的特点非常明显，即寿命长、光效高、无辐射与低功耗。LED 的光谱几乎全部集中于可见光频段，其发光效率可达 80% ~ 90%。将 LED 与普通白炽灯、螺旋节能灯及 T5 三基色荧光灯进行对比，结果显示：普通白炽灯的光效为

图 3 – 36　汽车 LED 灯

121 m/W，寿命小于 2 000 h；螺旋节能灯的光效为 601 m/W，寿命小于 8 000 h；T5 荧光灯则为 961 m/W，寿命大约为 10 000 h；而直径为 5 mm 的白光 LED 为 20 ~ 281 m/W，寿命可大于 100 000 h。有人还预测，未来的 LED 寿命上限将无穷大。

近年来，汽车外形由于设计上的需要、空气动力学的要求及美观的需求，低侧面流

线型的外形越来越受欢迎，尾灯的形状也朝着异型化和一体化发展。汽车 LED 灯根据应用可分为配光用灯和装饰用灯两种，配光灯适用于仪表指示灯背光显示、前后转灯、制动指示灯、倒车灯、雾灯、阅读灯等功能性方面；装饰灯主要用于汽车灯光色彩变换，起车内外美化作用。近几年随着部分车用 LED 亮度问题的解决和成本的下降，其应用量有所增长。国内常见的本田雅阁、日产天籁、皇冠、锐志、凯迪拉克系列、别克荣御等都已经采用了 LED 尾灯。

与传统灯泡比起来，LED 灯的优势在于：

（1）点亮无延迟，响应时间更快（传统玻壳灯泡则有 0.3 s 的延迟），防止追尾；

（2）更强的抗震性能；

（3）发光纯度高，无须灯罩滤光，光波长误差在 10 nm 以内；

（4）发光热量很小，对灯具材料的耐热性要求不是很高；

（5）光束集中，更易于控制，且不需要用反射器聚光，有利于减小灯具的深度；

（6）耗电量低，达到传统灯泡同等的发光亮度时，耗电量仅为传统灯泡的 6%，省电节油；

（7）超长寿命，无灯丝结构，不发热，正常使用在 6 年以上；

（8）车辆控制电路不易氧化。

任务3　空调系统检查与维护

 学习目标

知识微课

1. 具有良好的职业素养、质量意识、环保意识、安全意识、创新意识、工匠精神。

2. 爱岗敬业、乐业、精业，忠于职守，规范作业。

3. 了解汽车空调系统的功用及出现故障后的影响，进行维护的重要性及目的。

4. 能正确描述汽车空调系统维护作业项目内容、技术要求、作业规范。

5. 能正确、规范地利用工具设备对汽车空调系统维护作业。

一、任务描述

汽车空调是汽车室内空气调节的简称，用以调节车内的温度、湿度、气流速度、空

气洁净度等空气参数，为乘员提供清新舒适的车内环境。如图 3 - 37 所示，汽车空调制
冷效能是通过在管路中重复地将制冷剂从气体变成液体，液体变成气体而吸收或排放热
量而获得的。如果制冷剂泄漏，空调系统的制冷效能就会降低，此时就需要检查制冷剂
的液面。空调系统的检查与维护就是定期地清洁或更换空调系统的空调滤清器，检查制
冷系统和供暖系统的密封性，检查制冷剂量是否足够，以确保汽车空调功能正常。

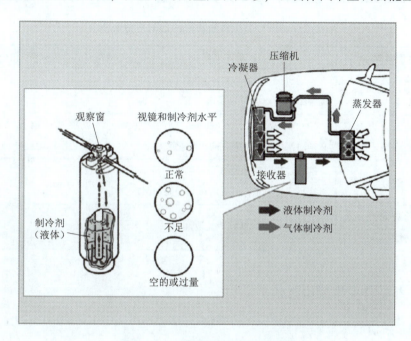

图 3 - 37　汽车空调系统工作示意图

二、任务解析

　　汽车空调系统检查与维护主要是按照车辆保养手册规定的空调系统维护作业项目，
依据维修手册规定的作业步骤、方法、技术要求对空调系统进行检查，清洁或更换空调
滤清器、检查制冷剂量是否足够、检查制冷系统和供暖系统的密封性是否良好、检查汽
车空调功能是否正常，工作思路如下。

　　（1）根据车型保养手册、维修手册或者相应的技术规范，明确作业项目，准备相
关工具和配件。

　　（2）检查空调制冷系统工作是否正常。

　　（3）清洁或更换空调滤清器。

　　（4）清洁或更换空气净化器滤清器。

　　（5）如有必要则检查制冷剂压力或添加制冷剂。

　　（6）竣工检查和工作现场"5S"。

三、相关知识

（一）维护作业项目内容及技术要求

空调系统检查维护项目及技术要求见表 3 – 10。

表 3 – 10　空调系统检查维护项目及技术要求

序号	项目	技术要求	备注
1	检查发空调系统工作状态	发动机控制在 1 500 ~ 2 000 r/min 时，空调各出风口温度符合要求	
2	清洁或更换空调滤清器	10 000 km 清洁，20 000 km 更换；更换时必须对准 UP 或箭头方向，防止装反	某些滤清器无法进行清洁，只能用手抖动使异物自然掉落
3	检查制冷剂量	能通过管路视液镜查看并判断制冷剂量知否充足或者过量，必要时进行补充和调整	
4	检查制冷系统密封性	制冷系统密封良好，无泄漏	

（二）维护作业规范及要点

1. 检查空调制冷效能

如图 3 – 38 所示，将车辆停放在阴凉处，将干湿球温度计放置在空调出风口位置，将发动机转速控制在 1 500 ~ 2 000 r/min，打开空调 A/C 开关，空调控制器设置为外循

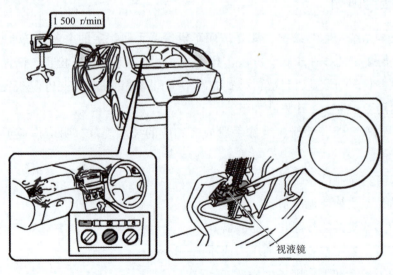

图 3 – 38　空调性能检测示意图

环、温度调至最低，风机转速调为最高，打开所有车门及车窗，待温度计显示数值趋于稳定后，读取压力表和温度计的显示值，将所测得的高低侧压力、相对湿度、空调进风温度、出风温度与汽车制造商提供的空调性能参数或图表上的参数进行比较，如压力表、温度计显示的高、低侧压力和空调出风温度不在规定的范围内，则应对制冷装置做进一步的诊断和检修。

2. 检查空调各出风口状况

将鼓风机速度控制开关处于"高"位。用手背感觉出风口的温度是否正常，并调节空调控制面板，检查出风口切换是否正常工作。空调出风口分布如图3－39所示。

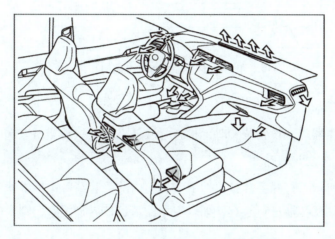

图3－39　空调出风口示意图

检查方法如图3－40所示：

（1）将气流导向左侧或右侧、上侧或下侧。

（2）转动出风口开关以打开或关闭通风口。

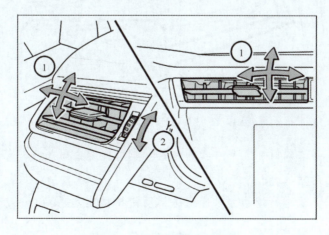

图3－40　出风口检查示意图

注意: 不要漏检后排出风口,如图 3 – 41 所示。

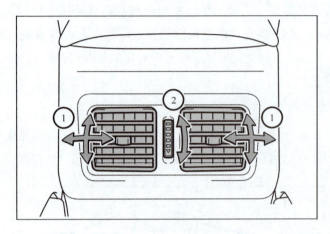

图 3 – 41　后排出风口示意图

3. 检查除霜器

空调处于除霜器打开设置位置时,检查并确认空气从除霜器出口吹出。

4. 清洁或更换空调滤清器

如图 3 – 42 所示,打开手套箱并拆下手套箱内的手套箱盖;拆下滤清器盖,拆下滤清器壳。取出空调滤清器进行检查,如果空调滤清器被异物污染,则根据保养计划清洁或更换。

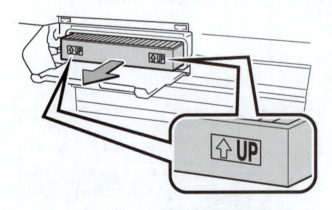

图 3 – 42　空调滤清器拆装示意图

注意: ➤ 拆解手套箱时先观察卡扣的位置和类型,避免损坏。

➤ 安装滤清器时对准 UP 的方向。

➤ 某些滤清器无法进行清洁,只能用手抖动使异物自然掉落。

5. 检查或添加制冷剂

当汽车空调制冷系统出现制冷不足或者不制冷时，需要按照一定的程序对空调系统进行全面检查，其故障大概率是由制冷剂不足引起，通过查看干燥瓶或者管路上的视液镜即可快而准确地判断制冷剂量是否正常。视液镜有少量气泡属于正常，如果出现气泡则可能是制冷剂不足，如果视液镜中无气泡，则可能是无制冷剂或制冷剂过量，如图 3 - 43 所示。

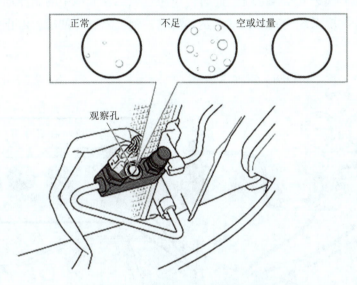

图 3 - 43　视液镜位置和检查示意图

当制冷剂压力异常时，按表 3 - 11 所示的技术要求进行检查和调整。

表 3 - 11　制冷剂压力异常调整方法

故障项目	故障现象	检修方法	
制冷剂不足	视液镜下有少量气泡或者每隔 1 ~ 2 s 就可以看到气泡，此时高压表压力低，低压表压力低，空调出风不冷	检漏并补充制冷剂至适量	
制冷剂严重不足	视液镜下看到很多泡沫，高压表与低压表压力过低，空调出风不冷	检漏，修理泄漏部位，重新充灌制冷剂至适量	
制冷剂过多	视液镜下一片清晰，并有冷气输出，关闭空调后 15 s 内不起泡，或停机 1 min 后仍有气泡流动，高、低压两侧压力均过高，出风口不够凉	释放一些制冷剂	

如果制冷剂不足，则应补充制冷剂，补充制冷剂一般采用低压加注法，即从空调系统低压侧检修阀加注。由于充入的是气体制冷剂，故速度慢，一般只在空调系统补充制冷剂时使用，具体方法如图3-44所示。加注前，关闭高压阀和低压阀，将空调系统低压侧检修阀与空调压力表低压管相连，空调压力表中间管道与制冷罐连接。起动发动机，并将发动机转速控制在1 500～2 000 r/min，开启所有车门，运行空调系统，且将鼓风机风速调为最高、系统温度设为最低，缓慢开启空调压力表低压阀，制冷剂罐内的制冷剂以气态的形式进入空调系统。此时，应注意观察视液镜中的制冷剂量，制冷剂不能加注过量。若制冷系统内制冷剂基本达到需求，则关闭制冷剂罐，停止空调器和发动机工作。

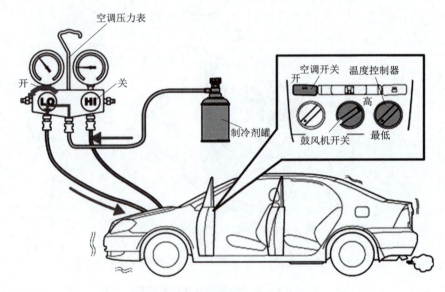

图3-44 制冷剂低压加注示意图

注意 （见图3-45）：

➤ 低压侧加注制冷剂时加注罐倒置将使空调气以液态进入压缩机，而压缩液体将损坏压缩机。

➤ 不要加注过量，否则将导致制冷不足或加热过度。

➤ 更换加注罐时，关闭高、低压两侧的阀门。更换后，打开驱气阀，从中部的软管（绿色）和歧管压力计放出空气。

6. 检测制冷系统密封性检测

为确保制冷系统密封性良好，用漏气检测器检查制冷剂是否泄漏，检测部位如图3-46所示，主要包括空调压缩机、冷凝器、膨胀阀、蒸发器、排放软管、管道的连接部位及制冷系统检修阀等。

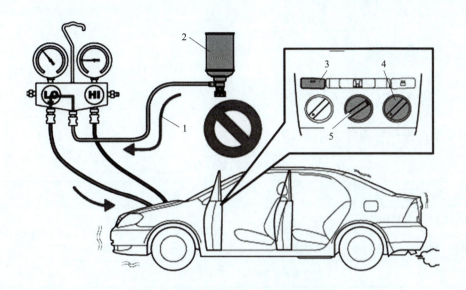

图 3 - 45　制冷剂低压加注禁忌示意图

1—压缩液体；2—制冷剂罐；3—空调开关；4—温度控制器；5—鼓风机开关

注意：

➢ 实施检查时，发动机要停止转动。

➢ 由于制冷剂比空气稍重，故把漏气检测器置于管道较低一侧，并随管道移动。

➢ 实施检测时，要轻微振动管道。

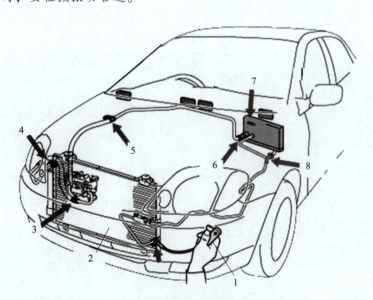

图 3 - 46　制冷系统泄漏检测位置示意图

1—检漏仪；2—冷凝器；3—空调压缩机；4—储液干燥器；

5—管道连接处；6—膨胀阀；7—蒸发器；8—低压软管

7. 工作现场"5S"

四、任务实施

（一）操作准备

准备维护操作所需的物料，见表 3 – 12。

表 3 –12 物料准备

类别	所需物料
教学车辆/实训平台	实训车
设备、仪器、工具	常用维修工具、维修手册、空调系统压力表、制冷剂加注机、抽真空机
材料	空调滤清器、制冷剂、冷冻机油

（二）制订计划

制订空调系统检查与维护计划。

依据空调系统维护相关知识及车辆维修手册、保养手册，制订空调系统检查与维护作业计划，并将维护项目、所需工具设备、安全注意事项、技术要求等相关信息填写在表 3 – 13 中。

表 3 –13 空调系统维护相关信息表

序号	维护项目	安全防护要点	技术要求

（三）任务实施

各小组制订完计划后，轮值组长在作业开始前，明确安全员、质检员、操作员、监督员、管理员等人员，安排落实好每个小组成员的工作职责，然后严格按照制订的计划进行作业，如发现计划不合理，应及时进行修改、完善。

五、检查评价

对本任务的学习情况进行检查，并将相关内容填写在表 3 – 14 中。

表 3 – 14 检查表

检查项目	检查结果	自评	小组互评	教师点评
是否具有安全意识、质量意识、环保意识、创新意识、工匠精神及良好的职业素养	是□ 否□			
是否严格遵守安全操作规程	是□ 否□			
是否能正确描述空调系统维护重要性、作业内容及技术要求	是□ 否□			
是否规范完成空调制冷检查	是□ 否□			
是否规范检查空调出风口及除霜状况	是□ 否□			
是否规范完成空调滤清器检查或更换	是□ 否□			
是否按规定完成制冷系统密封性检测	是□ 否□			
是否按规定完成制冷剂量检查	是□ 否□			
是否按规定完成制冷剂添加	是□ 否□			
实训工位是否打扫干净	是□ 否□			

六、总结反思

1. 完成本任务应具备哪些知识？

续表

2. 完成本系统维护作业，应掌握哪些技能要点及注意事项？

3. 完成本任务存在的不足及改进措施。

七、知识拓展

什么是负离子发生器

负离子发生器是一种生成空气负离子的装置，该装置将输入的直流或交流电经 EMI 处理电路及雷击保护电路处理后，通过脉冲式电路、过压限流、高低压隔离等线路升为交流高压，然后通过特殊等级电子材料整流滤波后得到纯净的直流负高压，将直流负高压连接到金属或碳元素制作的释放尖端，利用尖端直流高压产生高电晕，高速地放出大量的电子（e⁻），而电子无法长久存在于空气中（存在的电子寿命只有 nS 级），立刻会被空气中的氧分子（O_2）捕捉，从而生成空气负离子。通常，空调面板上会有单独的开关，也有一部分车将此配置集成在香氛系统中。

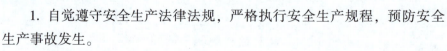

任务4 喷洗器和刮水器检查与维护

 学习目标

知识微课

1. 自觉遵守安全生产法律法规，严格执行安全生产规程，预防安全生产事故发生。

2. 了解汽车喷洗器和刮水器的功用及出现故障后的影响，以及进行维护的重要性及目的。

3. 能正确描述喷洗器和刮水器检查与维护作业项目内容、技术要求和作业规范。

4. 能正确、规范地利用工具设备对喷洗器和刮水器进行检查与维护作业。

一、任务描述

汽车行驶过程中，难免会遇到雨水或灰尘、昆虫等杂质粘在前风挡玻璃上，从而影响驾驶员视线，给车辆行驶安全造成影响。为解决这一问题，汽车上装备了喷水器和刮水器，以清洗前风挡玻璃，保证驾驶员获得较好的能见度。

车辆行驶一定里程或时间后，刮水片会磨损、硬化、产生裂纹，喷水器储液壶内的清洗液也会耗尽，此时如遇下雨，当雨水、灰尘、昆虫等异物粘在前风挡玻璃上时，刮水器不能清洁干净前风挡玻璃，这必然会导致车辆能见度变差，影响汽车安全行驶，且有可能导致发生安全事故，如图 3-47 所示。本工作任务是检查喷水器储液壶清洗液是否足够、刮水器工作是否正常，并及时补充清洗液，确保刮水器工作可靠。

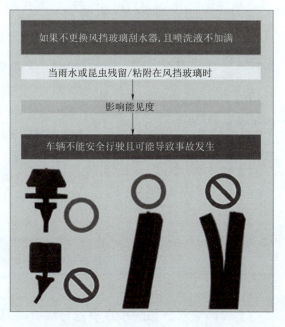

图 3-47　喷水器与刮水器影响示意图

二、任务解析

喷水器和刮水器检查与维护主要是按照车辆保养手册规定的维护作业项目，依据维修手册规定的作业步骤、方法、技术要求对喷水器及刮水器功能进行检查，补充喷水器清洗液，及时排除喷水器和刮水器故障，以确保车辆安全行驶。其工作思路如下：

（1）根据车型保养手册、维修手册或者相应的技术规范，明确作业项目，准备相关工具和材料，诸如玻璃清洗液等。

（2）起动车辆，打开喷水器和刮水器开关，检查其功能是否正常。

（3）检查刮水片是否正常，检查玻璃清洗液是否足够并视情添加。

（4）最后竣工检查和工作现场"5S"。

三、相关知识

(一)维护作业项目内容及技术要求

喷洗器和刮水器检查与维护项目及技术要求见表3 – 15。

表3 –15　喷洗器和刮水器检查与维护项目及技术要求

序号	项目	技术要求	备注
1	检查玻璃清洗液	1. 清洗液液面高度在规定范围内; 2. 清洗液冰点符合当地气温要求	
2	检查喷洗器	1. 喷洗器喷洒压力足够; 2. 喷洗器喷洒位置正确	
3	检查刮水器	1. 刮水器控制开关有效; 2. 刮水器低速、中速、高速及间歇功能正常; 3. 自动刮水功能正常; 4. 自动刮水暂停功能正常; 5. 刮水器刮水效果较好	

(二)喷水器和刮水器检查与维护规范及要点

1. 检查玻璃清洗液及冰点

如图3 – 48 所示,玻璃清洗液尺通常位于发动机舱前部,打开玻璃清洗液储液壶盖,即可见清洗液尺,朝上拉即可取出。用干净抹布将清洗尺擦干净,插入玻璃清洗液储液壶后再取出,在清洗液尺上即可见玻璃清洗液液面位置,如果不符合要求,则添加玻璃清洗液。建议将玻璃清洗液液面调整到上限位置。

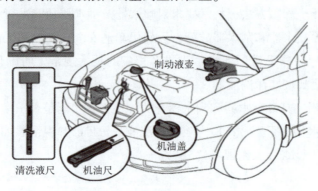

制动液壶

机油盖

清洗液尺　机油尺

图3 –48　清洗液尺位置示意图

由于气温低于 0 ℃时，如果玻璃清洗液的冰点达不到环境要求，清洗液则有可能会结冰，从而导致喷洗器不能正常工作。因此在冬季有必要对玻璃清洗液进行冰点测试，测试方法如图 3 – 49 所示，打开盖板，用清水对测试仪进行校准，然后将玻璃清洗液滴一滴在镜片上，合上盖板，通过目镜即可见玻璃清洗液的冰点是多少（阴影与白色交接位置所示）。

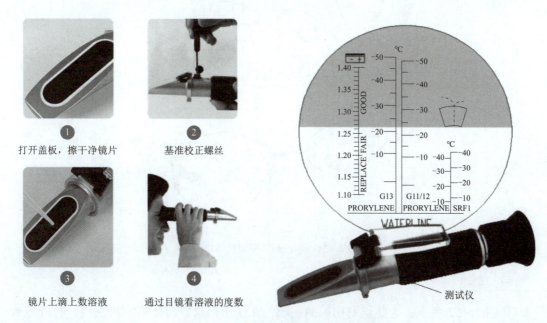

① 打开盖板，擦干净镜片　　② 基准校正螺丝

③ 镜片上滴上数溶液　　④ 通过目镜看溶液的度数

图 3 – 49　玻璃清洗液冰点测试示意图

2. 检查喷洗器

打开点火开关，操作清洗器开关约 0.5 s 或更长时间，并确认喷洒清洗液时前刮水器在"LO"设定工作，松开清洗器开关后，前刮水器工作循环 3 次，清洗液喷洒位置在刮水片刮水区域，如图 3 – 50 所示。

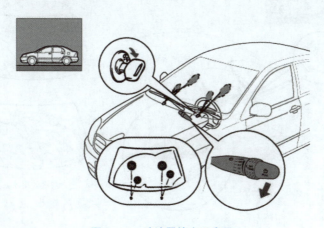

图 3 – 50　喷洗器检查示意图

如果喷洗器喷洒的清洗液位置不在规定的区域内，则对喷洗器喷嘴进行调整，如图3－51所示，在喷嘴内插入一根与风挡玻璃喷洗器喷嘴的孔相匹配的钢丝，以便调整喷洒的方向，以喷洗器喷洒大约落在刮水器的刮水范围的中间进行上下左右位置调整。

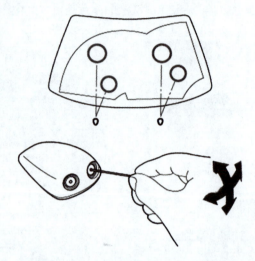

图3－51　喷洗器喷嘴调整示意图

3. 检查刮水器

如图3－52所示，为防止划伤风挡玻璃，在使用刮水器前要喷洒清洗液，打开点火开关，打开刮水器低速、中速、高速及间歇开关，检查各挡位功能是否正常，每一只刮水器是否正常工作，刮水是否干净。如果风挡玻璃上呈现条纹式刮水痕迹或刮水效果不好，则须更换刮水片。

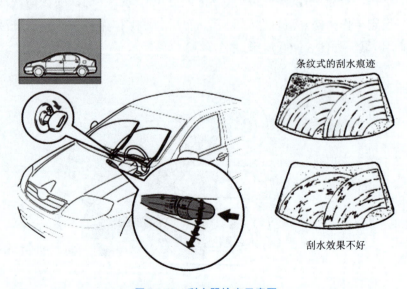

条纹式的刮水痕迹

刮水效果不好

图3－52　刮水器检查示意图

对带自动刮水器系统的车辆，检查自动刮水器功能，方法如下：持续将水洒到雨量传感器前方的风挡玻璃上，将点火开关转到"ON"，将风挡玻璃刮水器开关总成移至"AUTO"位置，检查并确认前刮水器是否工作，如前刮水器正常工作，则说明其自动刮水器功能正常。

对带自动刮水器系统的车辆，检查车门，打开联动刮水器暂停功能，将水持续洒到雨量传感器前方的风挡玻璃上，打开点火开关，并将风挡玻璃刮水器开关总成移至"AUTO"位置，检查并确认前刮水器工作，然后打开驾驶员车门或前乘客车门，检查并确认前刮水器是否停止，如果前刮水器停止工作，则说明刮水器暂停功能正常。

四、任务实施

（一）操作准备

准备维护操作所需的物料，见表 3-16。

表 3-16　物料准备

类别	所需物料
教学车辆/实训平台	实训车、玻璃清洗液 4 L
设备、仪器、工具	保护 4 件套、毛巾、常用维修工具、维修手册

（二）制订计划

制订喷洗器和刮水器检查与维护计划。

依据喷洗器和刮水器检查与维护相关知识及车辆维修手册、保养手册，制订刮水系统检查与维护作业计划，并将维护项目、所需工具设备、安全注意事项、技术要求等相关信息填写在表 3-17 中。

表 3-17　刮水系统维护保养

序号	维护项目	安全防护要点	技术要求
	玻璃清洗液冰点测试		

续表

序号	维护项目	安全防护要点	技术要求
	刮水器自动暂停功能检查		

（三）任务实施

各小组制订完计划后，轮值组长在作业开始前，明确安全员、质检员、操作员、监督员、管理员等人员，安排落实好每个小组成员的工作职责，然后严格按照制订的计划进行作业，如发现计划不合理，就及时进行修改、完善。

五、检查评价

对本任务的学习情况进行检查，并将相关内容填写在表 3 – 18 中。

表 3 – 18　检查表

检查项目	检查结果	自评	小组互评	教师点评
是否具有安全意识、质量意识、环保意识、创新意识、工匠精神及良好的职业素养	是□　否□			
是否严格遵守安全操作规程	是□　否□			
是否能正确描述喷水器和刮水器维护重要性、作业内容及技术要求	是□　否□			
是否规范完成清洗液检查	是□　否□			
是否规范检查喷洗器工作状况	是□　否□			
是否规范完成刮水器功能检查	是□　否□			
是否规范完成刮水器自动功能检查	是□　否□			
是否规范完成玻璃清洗液冰点测试	是□　否□			
是否规范加注玻璃清洗液	是□　否□			
工具设备是否整理并放至指定位置	是□　否□			
实训工位是否打扫干净	是□　否□			

六、总结反思

1. 完成本任务应了解哪些知识?

2. 完成本系统维护作业, 应掌握哪些技能要点及注意事项?

3. 完成本任务存在的不足及改进措施。

七、知识拓展

自动刮水器

汽车自动刮水器就是感应刮水器, 基本原理是通过感应器 (雨量传感器) 控制汽车刮水器工作。目前应用较广的两种主流传感器分别是光学式传感器和电容式传感器。

光学式传感器是根据光的折射原理工作的。在光学式传感器中有一个发光二极管, 它发出一束锥形光线, 这束光穿过前风挡玻璃, 当风挡玻璃上没有雨水、处于干燥状态时, 几乎所有的光都会反射到一个光学传感器上。

当下雨时, 风挡玻璃上会存有雨水, 一部分光线就会偏离, 这就造成了传感器接收到光的总量的变化, 从而检测到了雨水的存在。光学式传感器能够接收反射光的面积越大, 得到的信息就越详尽。光学式传感器十分精确, 甚至有可能准确地判断出落在被感应区域上的雨点数目。

电容式传感器主要是利用水和玻璃的介电常数的巨大差异设计的, 其中水的介电常数为80, 玻璃的介电常数为2。通常的做法是, 把两条呈平行状态的指状金属极板放入风挡玻璃的内、外层之间, 一组指状金属极板相交错, 但是并不触及其他的指状金属极板。当风挡玻璃处于干燥状态时, 风挡玻璃外表面和每组指状金属极板之间就形成了电介质。

当风挡玻璃变湿时，根据与风挡玻璃接触的水量的不同，风挡玻璃的介电常数将发生变化。如果把传感器安装在风挡玻璃的表面上或者紧贴在风挡玻璃的下表面，这对传感器的工作是有利的，因为这样的安装能使传感器发挥其最佳灵敏度。不利的是，把电容式传感器安装在风挡玻璃的外表面上会产生与阻力传感器同样的问题，其金属镀层在刮水器的长期工作下很快就会被从风挡玻璃上刮掉。

雨量传感器能估算在一定时间内落在风挡玻璃上的雨水量，自动刮水器系统则根据雨量传感器信号决定需要的刮水间隔。雨量传感器控制的刮水系统能根据雨滴的密集程度自动调节刮水器的刮水速度，给驾驶带来最大程度的便利。当刮水时间延长时（七个来回以上），雨水探测器将自动点亮前照灯（依据车型而定），以提高主动安全性和驾驶的舒适性。

必须注意的是，当取下点火开关钥匙以后，要将系统复原。

项目四

发动机检查与维护

项目简介

发动机是汽车的心脏，其技术状况关系到汽车的动力性和经济性，本项目包括5个任务，分别是任务1 润滑系统检查与维护、任务2 发动机进排气系统检查与维护、任务3 燃油供给系统检查与维护、任务4 冷却系统检查与维护、任务5 点火系统检查与维护，主要介绍了汽车发动机润滑系统、进排气系统、燃油供给系统、冷却系统和点火维护的重要性及相关知识，维护作业项目及技术要求，以及维护作业规范，通过制订计划、任务实施、检查评价等环节，培养学生良好的职业素养、质量意识、安全意识、工匠精神等，提升学生在发动机润滑系统、进排气系统、燃油供给系统、冷却系统和点火维护方面知识的掌握程度及相关实操能力。

任务1 润滑系统检查与维护

知识微课

 学习目标

1. 具有良好的职业素养、质量意识、环保意识、安全意识、创新意识、工匠精神。
2. 了解发动机润滑系统的功用及出现故障后的影响，以及进行维护的重要性及目的。
3. 能正确描述发动机润滑系统维护作业项目内容、技术要求和作业规范。
4. 能正确、规范地利用工具设备对发动机润滑系统进行检查与维护。

一、任务描述

润滑系统工作的好坏，将直接影响发动机的使用寿命。如图4−1所示，发动机机

油使用一定时间后会变脏，然后变质，并含有一定的金属粉末，导致其润滑性能下降。如果不及时更换发动机机油，则发动机容易被损坏。本工作的任务就是检查发动机润滑系统工作是否正常，更换润滑油、机油滤清器，当发动机内部油泥较多时，对发动机润滑系统进行清洗，确保发动机润滑系统工作可靠，以延长发动机的使用寿命。

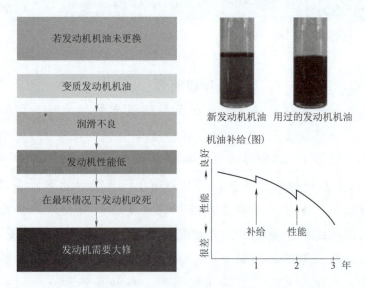

图 4 – 1　机油对发动机的影响

二、任务解析

润滑系统检查与维护主要是按照车辆保养手册规定的润滑系统维护作业项目，依据维修手册规定的作业步骤、方法、技术要求对润滑系统进行检查，并更换机油滤清器和机油，工作思路如下。

（1）根据车型保养手册、维修手册或者相应的技术规范，明确作业项目，准备相关工具和配件。

（2）检查机油压力警告指示灯和发动机机油状态，初步判断发动机润滑系统是否正常。

（3）检查发动机各接合表面是否漏油。

（4）更换发动机机油和机油滤清器。

（5）如有必要，则清洗发动机润滑系统。

（6）加注规定量的发动机机油。

（7）检查发动机更换零件部位是否漏油。

（8）竣工检查和工作现场"5S"。

三、相关知识

（一）维护作业项目内容及技术要求

润滑系统检查维护项目及技术要求见表4-1。

表4-1　润滑系统检查维护项目及技术要求

序号	项目	技术要求	备注
1	检查发动机机油油量及机油状态	机油油平面应在规定范围内，机油内不应有水，不应有乳化现象	机油有水或变质，应查明相关原因
2	检查发动机各接合表面是否漏油	各接合表面不得漏油	如果漏油，应进行修复
3	更换机油及机油滤清器	车辆每行驶 10 000～15 000 km，机油及机油滤清器应进行更换	车型不同，车辆使用环境不同，具体更换间隔里程也不同
4	检查机油油平面	油平面应在规定的范围内	
5	检查机油压力警告指示灯是否正常	机油压力警告指示灯在机油压力正常时应熄灭，机油压力低于规定值时应点亮	
6	更换机油排放塞垫及紧固机油排放塞垫	机油机油排放塞力矩应达到规定值，排放塞处不应漏油	

（二）维护作业规范及要点

（1）选择适合的发动机润滑油。

选用技巧：按照车辆维修手册规定选用或者根据发动机类型及压缩比进行选择。

（2）检查发动机机油液位、机油黏度，并检查机油是否有污物或变质。

检查机油油位前，先预热发动机，停止发动机 5 min 或者更多时间以后，拔出机油尺，用干净的抹布将机油尺擦干净，再将机油尺完全插入后取出，查看油面高度。其正常高度应在高位和低位之间，如图4-2所示。如机油低于低位线，则应添加与该车相应型号的机油。检查量油尺，以确保油位处于规定的范围内。

注意：

➢ 检查机油时，汽车应停放在平面上。

➢ 发动机已经停止 5 min 或者更多的时间之后，再检查油位，目的是可以允许发动

机各个区域的机油完全沉积在集油盘中。

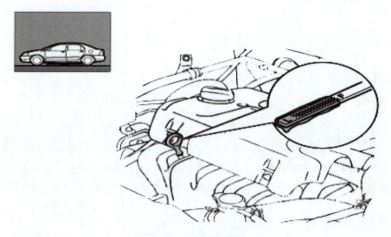

图 4 - 2　机油检查示意图

（3）预热发动机时，检查发动机机油压力警告指示灯是否正常，如图 4 - 3 所示。车辆起动后，机油压力警告指示灯应熄灭，否则不正常。

图 4 - 3　机油压力警告指示灯示意图

（4）排放发动机机油。如图 4 - 4 所示，将车辆举升至合适高度并进行安全锁止，拆下发动机底部护板，检查发动机各接合处是否泄漏机油，然后将接油器移至油底壳正下方，拆下机油排放螺栓，即可完成发动机机油排放。

注意：拆卸机油排放螺栓时，应注意扭松方向，要预防扭松方向错误导致机油排放螺栓断裂或使油底壳机油排放孔螺纹损坏。另外，排放发动机机油前应检查发动机的下述区域是否漏油：

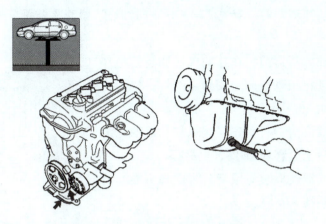

图 4 – 4　发动机机油更换示意图

➢ 检查发动机各区域的接触面是否漏油。

➢ 检查油封是否漏油。

➢ 检查排放塞是否漏油。

提示：

检查技巧：戴手套摸所要检查位置，如果接触表面漏油，手套上会有油渍，相反则没有油渍。

打开发动机加注口盖，这样能够使机油排放更顺畅。

安全注意事项：排放机油时应戴胶手套，以防烫伤。

（5）更换机油滤清器作业要点。

①应使用机油滤清器拆装专用工具拆卸机油滤清器，如图 4 – 5 所示。

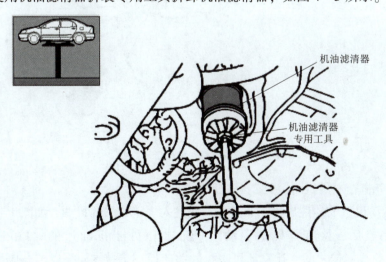

机油滤清器

机油滤清器
专用工具

图 4 – 5　机油滤清器更换示意图

②安装新机油滤清器前，应先清洁和检查机油滤清器安装表面，确保接合表面平整且无杂质。

③安装新机油滤清器前，在新的机油滤清器垫片上涂抹清洁的发动机机油，防止密封垫损坏。机油滤清器密封圈如图4-6所示。

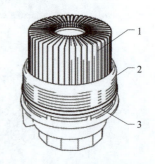

④安装新机油滤清器时，先轻缓地拧动机油滤清器使其就位，然后上紧直到垫片接触底座。

⑤使用机油滤清器拆装专用工具再次将机油滤清器朝顺时针方向旋转3/4圈。

图4-6　机油滤清器密封圈示意图
1—机油滤芯；2—机油滤芯器盖；
3—机油滤清器密封圈

提示： 在某些类型的发动机上，机油滤清器从发动机室更换。

（6）安装机油排放塞。

机油排放完后，安装一个新的垫片和排放塞，按照规定力矩扭紧机油排放螺栓，如图4-7所示。

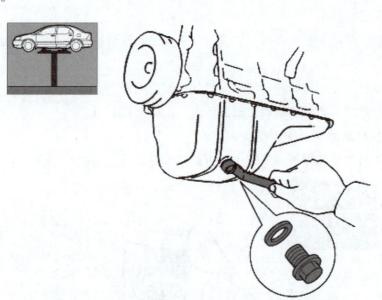

图4-7　安装机油排放塞示意图

（7）将车辆放至低位，加注发动机机油。

①打开发动机机油加注口盖，通过注油孔注入规定数量的机油，如图4-8所示。

②加注完成后，检查并确认发动机机油油位处于机油尺的"FULL"刻度线和"LOW"刻度线标记之间，让发动机暖机并关闭后，等待5 min以上，使机油回流到发动机底部。在机油尺端部下方放一块抹布，拉出机油尺，将机油尺擦干净，重新将机

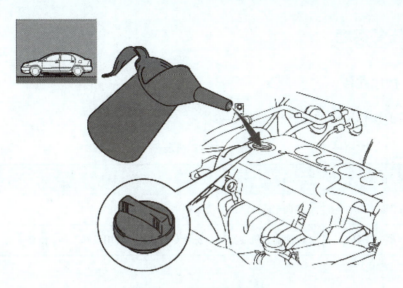

图4-8　机油加注示意图

油尺完全插入。在机油尺端部下方放一块抹布，然后拉出机油尺并检查油位，擦净机油尺后再重新完全插入，如图4-9所示。

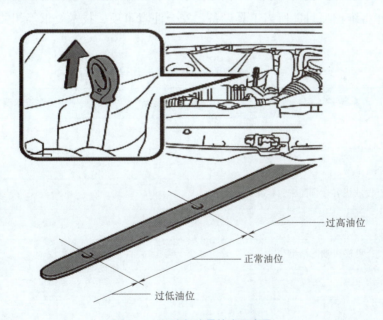

过高油位

正常油位

过低油位

图4-9　机油加注量检查示意图

　　③起动车辆后，再将车升至高位，检查更换的部件安装是否合格、机油是否渗漏。

　　④停止发动机，过去5 min或者更多时间以后，检查量油尺，以确保油位处于规定的范围内。

　　⑤工作现场"5S"。

四、任务实施

(一) 操作准备

准备维护操作所需的物料，见表 4 – 2。

表 4 – 2　物料准备

类别	所需物料
教学车辆/实训平台	实训车或发动机系统实训平台、机油 4 L
设备、仪器、工具	接油器、机油滤清器安装专用工具、常用维修工具、维修手册

(二) 制订计划

制订润滑系统检查与维护计划。

依据润滑系统维护相关知识及车辆维修手册、保养手册，制订润滑系统检查与维护作业计划，并将维护项目、所需工具设备、安全注意事项、技术要求等相关信息填写在表 4 – 3 中。

表 4 – 3　电源管理系统故障相关代码及数据流

序号	维护项目	安全防护要点	技术要求
	检查发放机各接合面密封状况		
	更换机油滤清器		

（三）任务实施

各小组制订完计划后，轮值组长在作业开始前，明确安全员、质检员、操作员、监督员、管理员等人员，安排落实好每个小组成员的工作职责，然后严格按照制订的计划进行作业，如发现计划不合理，应及时进行修改、完善。

五、检查评价

对本任务的学习情况进行检查，并将相关内容填写在表4-4中。

表4-4　检查表

检查项目	检查结果	自评	小组互评	教师点评
是否具有安全意识、质量意识、环保意识、创新意识、工匠精神及良好的职业素养	是□　否□			
是否严格遵守安全操作规程	是□　否□			
是否能正确描述润滑系统维护重要性、作业内容及技术要求	是□　否□			
是否规范完成润滑油检查	是□　否□			
是否规范检查发动机结合面密封状况	是□　否□			
是否规范完成机油滤清器更换	是□　否□			
是否按规定力矩扭紧放油螺栓	是□　否□			
是否按规定量加注润滑油	是□　否□			
加注机油后是否按规定检查机油量	是□　否□			
工具设备是否整理并放至指定位置	是□　否□			
实训工位是否打扫干净	是□　否□			

六、总结反思

1. 完成本任务应了解哪些知识？

续表

> 2. 完成本系统维护作业，应掌握哪些技能要点及注意事项？
>
>
>
>
>
> 3. 完成本任务存在的不足及改进措施。

七、知识拓展

机油使用误区

1. 机油的黏度越大越好

有些驾驶员和车辆管理人员认为，发动机润滑油的黏度越大越好，这种认识是不对的。黏度越大，摩擦表面间的油膜越厚。虽然油膜厚有利于防止摩擦表面的磨损，但随之摩擦阻力也大，动力损失增加。随着发动机压缩比的提高，发动机的热负荷和机械负荷也相应增大，对发动机润滑油的润滑性提出了更高的要求，靠提高润滑油的黏度来提高润滑油的润滑性已不能满足发动机的使用要求了，因此，中、高档发动机润滑油的润滑性均是通过在润滑油中加入油性添加剂和极压添加剂来提高其润滑性的。

研究表明：发动机润滑油黏度（100 ℃运动黏度）降低 1 mm^2/s，可节约燃料1.5%。所以，使用黏度大的润滑油，燃料消耗也多。那么使用黏度大的润滑油，发动机的磨损又如何呢？

事实证明：润滑油黏度超出要求，也会使发动机磨损增大。机油黏度越大，在发动机起动时，润滑油到达摩擦部件所需要的时间越长，因润滑油不能及时补充到摩擦表面，则发动机的起动磨损也越大，发动机起动磨损占其总磨损量的三分之二，因而使用黏度大的润滑油反而会使发动机的磨损增加，即机油黏度越大越好的观念是不正确的，对一些磨损严重、负荷大、在环境较污秽的条件下工作的汽车，才能选用黏度稍大的机油。

2. 机油在使用中变黑表明机油已失效

有的驾驶员认为，内燃机油在使用中变黑，则说明内燃机油已失去使用性能，应更换机油，其实不然。在发动机技术状况正常，所用燃料和润滑油质量符合要求的情况下，使用中的内燃机油颜色会逐渐加深，机油变黑是正常现象。

内燃机油在高温下工作会产生氧化而生成胶质、沥青质和积炭等，这些物质在内燃机油中清净分散剂的作用下，会溶解和分散在内燃机油中，加上燃料燃烧不完全的产物游离碳也溶解在内燃机油中，因此，内燃机油在使用中颜色逐渐加深变黑是正常现象，它是内燃机油中的清净分散剂正在起作用的表现。

3. 国产车用国产油、进口车用进口油

这种认识和做法在少数驾驶员的心目中认为是合理的，一些汽车修理厂也照此办理，其实这是毫无道理的。润滑油的选用原则我们已作了描述，按这个原则处理不会有错，况且最主要的是，国产润滑油的技术指标已完全采用国际标准，质量上也早已达到技术要求，只要不是假冒伪劣产品（冒牌进口油也不少见），使用中就不会有问题。

任务 2 发动机进排气系统检查与维护

 学习目标

知识微课

1. 爱岗敬业、乐业、精业，忠于职守，规范作业。
2. 了解发动机进排气系统的功用及出现故障后的影响，以及进行维护的重要性和目的。
3. 能正确描述发动机进排气系统维护作业项目内容、技术要求和作业规范。
4. 能正确、规范地利用工具设备对发动机进排气系统进行检查与维护。

一、任务描述

进排气系统的作用是保证进气清洁、充足，排气畅通。如果进、排气系统出现问题，会引发零件早磨、燃油消耗高、功率不足等现象，造成发动机工作不良，诸如没有及时更换空气滤清器滤芯，滤芯就会阻塞，增加其气流阻力，从而导致发动机输出功率和燃油经济性下降，影响车辆性能，如图 4 - 10 所示。由于车辆用途和差异性大，故应灵活调整保养、更换周期，一旦出现空滤堵塞，应立即停机清理或更换空滤。同时养成定期检查进排气系统的习惯，确保发动机进排气系统工作状态稳定，以延长发动机使用寿命。

二、任务解析

进排气系统检查与维护主要是按照车辆保养手册规定的润滑系统维护作业项目，依据维修手册规定的作业步骤、方法、技术要求对空气滤清器、节气门、三元催化转化器进行检查，并更换空气滤清器，工作思路如下。

（1）根据车型保养手册、维修手册或者相应的技术规范，明确作业项目，准备相关工具和配件。

（2）检查、更换发动机空气滤清器。

（3）检查进气管是否存在破损和变形。

（4）检查节气门是否能在踩下加速踏板时正常动作。

（5）检查排气管、消声器是否损坏和漏气。

（6）检查三元催化转化器表面是否有凹痕或刮擦，以及严重的褪色斑点。

（7）检查发动机更换零件部位是否松动、漏气。

（8）竣工检查和工作现场"5S"。

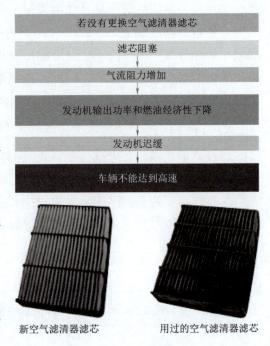

图4-10 空气滤芯影响示意图

新空气滤清器滤芯 ｜ 用过的空气滤清器滤芯

三、相关知识

（一）维护作业项目内容及技术要求

发动机进排气系统检查、维护项目及技术要求见表4-5。

表4-5 发动机进排气系统检查维护项目及技术要求

序号	项目	技术要求	备注
1	清洁空气滤清器	检查前使用压缩空气清除污物。从空气滤清器滤芯的发动机侧吹入压缩空气，清除空气滤芯内污物	
2	更换发动机空气滤清器	车辆每行驶20 000 km，空气滤清器应进行更换	

续表

序号	项目	技术要求	备注
3	检查进气管是否有破损或松动情况	进气管不应出现破损,连接部件间不能出现松动	如果有破损及松动,应更换相关部件
4	检查节气门动作是否卡滞、节气门是否脏堵	踩下加速踏板,节气门应随踏板正常动作,无卡滞现象	
5	检查排气管、消声器是否损坏和漏气	排气管及其支架上的吊挂、密封垫片和消声器不应出现损坏、漏气、脱离等现象	
6	检查三元催化转化器工作前、后的温度变化	发动机达到正常工作温度后,三元催化转化器出口温度应至少高于进口温度10%～15%。	

(二) 维护作业规范及要点

(1) 检查发动机空气滤清器是否有污秽物或堵塞情况,清洁空气滤芯。

拧下空气滤清器盖上部的固定螺栓,拆下滤清器盖,取出空气滤清器滤芯,检查空气滤清器滤芯分总成是否脏污或堵塞,如果空气滤清器滤芯分总成脏污或粘附异物,则用压缩空气对其进行清洁,如图4－11所示。如果清洁空气滤清器滤芯分总成后仍脏污,则用新的空气滤清器滤芯分总成进行更换。

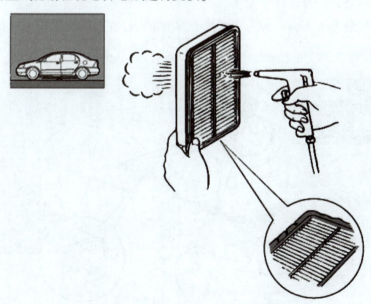

图4－11　空气滤清器清洁示意图

注意：清洁空气滤清器滤芯分总成时，从进气下游侧吹入压缩空气（从空气滤清器盖分总成侧）。

（2）检查进气管是否有破损，用手晃动卡扣连接部位，确认是否有松动。

（3）起动发动机，在发动机运转状态下检查进气系统是否存在漏气现象。

（4）检查节气门，拆卸节气门体与进气管的连接卡箍，并拆下进气管，观察节气门是否有卡滞或脏堵，如图 4 – 12 所示。如发现节气门存在脏堵现象，需要拆下节气门总成，再用清洗剂（丙酮）进行清洗。装复节气门体和进气管，将卡箍安装到位后紧固。

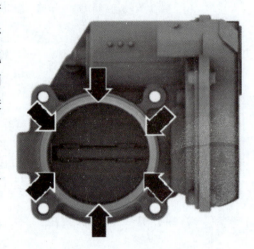

图 4 – 12 节气门检查示意图

注意：丙酮易燃且对眼睛和皮肤有刺激性，可能导致人员受伤，因此操作时需佩戴手套及护目镜，切勿使用压缩空气。

（5）检查排气管安装状况及是否存在渗漏，如图 4 – 13 所示。

①检查排气管是否损坏，检查时应戴上手套，以防烫伤。

②检查消声器是否损坏，如果损坏应更换。

③检查排气管支架上的吊挂是否损坏或者脱离。

④检查密封垫片是否损坏、漏气。

⑤检查排气管是否渗漏，通过观察接头周围是否存在任何炭黑，检查排气管连接部分是否渗漏废气。

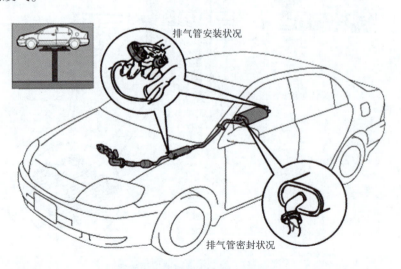

排气管安装状况

排气管密封状况

图 4 – 13 排气管检查示意图

（6）检查三元催化转化器。

利用红外测温仪对三元催化转化器进行检测，发动机处于正常工作温度下，如果三元催化转化器的进、出口温差小于10℃，则三元催化转化器已经损坏，需要更换。

轻轻敲击并摇动三元催化转化器，注意里面是否有碎屑移动的声音。如果有，则表示催化剂载体已损坏，需要更换三元催化转化器。

（7）工作现场"5S"。

四、任务实施

（一）操作准备

准备维护操作所需的物料，见表4-6。

表4-6 物料准备

类别	所需物料
教学车辆/实训平台	实训车或发动机系统实训平台、空气滤清器
设备、仪器、工具	红外测温枪、常用维修工具、维修手册

（二）制订计划

制订进排气系统检查与维护计划。

依据进排气系统维护相关知识及车辆维修手册、保养手册，制订进排气系统检查与维护作业计划，并将维护项目、所需工具设备、安全注意事项、技术要求等相关信息填写在表4-7中。

表4-7 进排气系统检查与维护计划

序号	维护项目	安全防护要点	技术要求
	更换空气滤清器		

续表

序号	维护项目	安全防护要点	技术要求

（三）任务实施

各小组制订完计划后，轮值组长在作业开始前，明确安全员、质检员、操作员、监督员、管理员等人员，安排落实好每个小组成员的工作职责，然后严格按照制订的计划进行作业，如发现计划不合理，应及时进行修改、完善。

五、检查评价

对本任务的学习情况进行检查，并将相关内容填写在表4-8中。

表4-8　检查表

检查项目	检查结果	自评	小组互评	教师点评
是否具有安全意识、质量意识、环保意识、创新意识、工匠精神及良好的职业素养	是□　否□			
是否严格遵守安全操作规程	是□　否□			
是否能正确描述进、排气系统维护重要性、作业内容及技术要求	是□　否□			
是否规范完成空气滤清器的检查	是□　否□			
是否规范检查发动机进气管道状况	是□　否□			
是否规范检查节气门状态	是□　否□			
是否规范检查三元催化转化器状态	是□　否□			
工具设备是否整理并放至指定位置	是□　否□			
实训工位是否打扫干净	是□　否□			

六、总结反思

1. 完成本任务应了解哪些知识?

2. 完成本系统维护作业, 应掌握哪些技能要点及注意事项?

3. 完成本任务存在的不足及改进措施。

七、知识拓展

三元催化转化器

三元催化转化器是一种用于汽车尾气处理的重要设备, 它可以将有害气体转化为无害物质, 以减少对环境的污染。其工作原理主要包括三个方面:氧化反应、还原反应和氧储存与释放。

(1) 氧化反应是三元催化转化器的核心工作之一。在这个过程中, 三元催化转化器将尾气中的一氧化碳 (CO) 与氢气 (H_2) 氧化成二氧化碳 (CO_2) 和水蒸气 (H_2O)。这一反应需要在高温下进行, 而且需要氧气参与。三元催化转化器内部的催化剂会提供一个催化剂表面, 使得氧气和有害气体能够有效地接触并发生反应, 从而将有害气体转化为无害物质。

(2) 还原反应也是三元催化转化器的重要工作之一。在这个过程中, 三元催化转化器将尾气中的氮氧化物 (NO_x) 还原成氮气 (N_2) 和水 (H_2O)。这一反应同样需要在高温下进行, 并需要还原剂的参与, 通常采用的还原剂是尾气中的一氧化碳和氢气。催化剂表面的还原剂与氮氧化物发生反应, 将其还原为无害物质。

（3）氧储存与释放是三元催化转化器的另一个重要工作过程。在这个过程中，三元催化转化器会对氧气进行储存，并在需要时释放出来。这是因为氧化反应和还原反应需要氧气的参与，而尾气中的氧气含量是不稳定的。因此，三元催化转化器会通过吸附和释放氧气的方式，维持催化反应所需的氧气浓度，以确保催化反应的有效进行。

总的来说，三元催化转化器的工作原理是通过氧化反应、还原反应和氧储存与释放三个过程来将汽车尾气中的有害气体转化为无害物质的。这种设备在汽车尾气处理中起着至关重要的作用，可以有效减少对环境的污染。通过催化剂的作用，三元催化转化器能够在较低的温度下进行催化反应，从而提高了能源利用效率。此外，三元催化转化器的设计也需要考虑催化剂的寿命和稳定性等因素，以确保其长时间的稳定运行。未来，随着科学技术的不断发展，三元催化转化器也将继续优化和改进，以更好地适应汽车尾气处理的需求。

任务3　燃油供给系统检查与维护

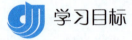 学习目标

知识微课

1. 自觉遵守安全生产法律法规，严格执行安全生产规程，预防安全生产事故发生。

2. 了解汽车燃料供给系统的功用及出现故障后的影响，以及进行维护的重要性和目的。

3. 能正确描述汽车燃料供给系统维护作业项目内容、技术要求和作业规范。

4. 能正确、规范地利用工具设备对汽车燃料供给系统进行维护作业。

一、任务描述

燃油供给系统工作的好坏，将直接影响发动机的工作状态。燃油滤清器使用一定时间后，会被燃油中的杂质、水分堵住，造成发动机供油量不足，从而造成发动机功率输出下降，如图 4 – 14 所示。本工作任务就是检查发动机燃油供给系统工作是否正常，更换燃油滤清器，确保发动机燃油供给系统工作可靠，以保证为发动机运转提供充足的清洁燃油。

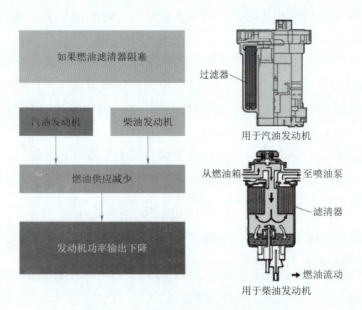

图 4 – 14　燃油供给系统对发动机的影响

二、任务解析

燃油供给系统检查与维护主要是按照车辆保养手册规定的燃油供给系统维护作业项目，依据维修手册规定的作业步骤、方法、技术要求进行对燃油供给系统进行检查，并更换燃油滤清器，工作思路如下。

（1）根据车型保养手册、维修手册或者相应的技术规范，明确作业项目，准备相关工具和配件。

（2）检查油箱盖。

（3）检查燃油管道。

（4）更换燃油滤清器。

（5）竣工检查和工作现场"5S"。

三、相关知识

（一）燃油系维护注意事项

安全是最重要的因素，在做维护保养时要注意安全，尤其是在维护燃油系统时，因操作不当可能造成燃料泄漏，引起火灾事故或车辆自燃，错误的不安全保养维修方法会导致严重的人身伤亡。遵守下列规则和指南可以使得汽车燃油系统部件保养测试安全有效地完成。

（1）要避免失火的可能性以及人身伤害，要断开蓄电池负极导线，除非在修理或测试过程需要施加蓄电池电压。

（2）拆卸燃油系统部件时，要释放燃油系统压力，首先要断开所有燃油系统部件（喷油器、燃油管道、压力调节器等）、接头或燃油管线连接器。特别要注意在释放燃油系统压力时要避免油雾接触皮肤、脸面和眼睛，因为有压力的燃油可能会穿透皮肤或任何接触到的身体部位。

（3）要把车间用的毛巾或抹布包裹在管接头周围，以吸收泄漏的燃油；要保证任何泄漏的燃油（这是会发生的）很快从发动机表面擦干；要保证所有被燃油浸湿的车间用毛巾或抹布存放于适宜的废物存器内。

（二）维护作业项目内容及技术要求

燃油供给系统根据发动机工作需要，将燃油以一定的压力输送到燃油分配管，然后经喷油器进入进气歧管或气缸。因燃油管道内始终存在一定的压力，如果燃油管道与其他部件有碰擦，或管道安装不牢固，则有可能导致燃油泄漏，引起车辆自燃。因此，对燃油系统进行维护时，务必要检查好油箱的固定情况、油管的安装及固定情况、油管接头处密封是否良好。燃油供给系统检查与维护内容及相关技术要求具体见表4-9。

表4-9　燃油供给系统检查、维护项目及技术要求

序号	项目	技术要求	备注
1	检查燃油箱盖	油箱盖无变形、无损坏，密封圈良好，锁紧有效	
2	检查燃油管路	1. 燃油管路无泄漏； 2. 燃油管路固定应牢固，无松动； 3. 穿孔处有保护套； 4. 与其他运动部件不得发生碰擦； 5. 燃油管路不得有裂纹或较大变形	
3	检查燃油箱安装是否稳固	1. 油箱不得泄漏，否则应更换； 2. 燃油箱安装应稳固，不得有松动现象	
4	更换燃油滤清器	1. 燃油滤清器接头无泄漏； 2. 燃油滤清器安装稳固； 3. 定期更换（间隔时间参照保养手册，各品牌车辆更换间隔时间不一样）	

1. 维护作业规范及要点

在进行发动机燃料供给系统检查、维护作业时，要求做到操作规范、流程合理，这样不仅可以避免安全事故，还能确保检查、维护质量，提高工作效率。作业前必须先做好车辆安全防护，拉起驻车制动器及安装车轮挡块，车辆举升应安全、稳固，并按照车辆维修手册规定选好适用的燃油滤清器。

1）检查燃油箱盖是否变形和损坏

如图 4 – 15 所示，检查并确保油箱盖或者垫片都没有变形或者损坏，同时检查真空阀是否锈蚀或者粘住；然后安装油箱盖，进一步上紧油箱盖，确保油箱盖发出"咔嗒"声而且能够自由转动。

2）检查燃油管路，

如图 4 – 16 所示，将举升车辆至高位，检查燃油管安装状况，是否与其他运动部件发生碰擦、安装是否牢固，有无松动，若松动应紧固；用手电筒查看油管及接头是否漏油；检查油管是否有变形。

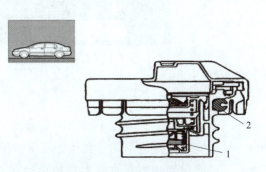

图 4 – 15 油箱盖检查示意图
1—真空阀；2—垫片

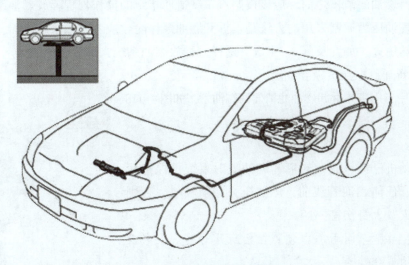

图 4 – 16 燃油管路检查示意图

3）检查油箱

如图 4 – 17 所示，轻摇油箱，检查油箱安装是否牢固；参照维修手册，紧固油箱固定螺栓；检查油箱是否泄漏或变形。

检查安装是否牢固

图 4-17　油箱检查示意图

4）更换燃油滤清器。

燃油滤清器有的位于发动机机舱内，有的位于车辆底盘，有的位于油箱内，车型不一样，安装位置也不同，具体查看维修手册。

更换燃油滤清器前应先释放燃油压力，以外置式燃油滤清器为例，具体作业步骤如下：

（1）释放燃油系统中的燃油压力。

在更换燃油滤清器之前，应该按照汽车制造商指定的操作规程释放燃油系统中的压力。释放燃油压力通常采用的方法是：拆开燃油泵保险丝或者燃油泵继电器，起动发动机直至自然熄火，如此反复 3~4 次，这样可释放燃油系统大部分燃油压力。

（2）断开蓄电池负极导线。

（3）用专用工具拆卸燃油滤清器两端油管，如图 4-18 所示。

警告：

在发动机已经停止运转后，燃油喷射系统仍保持压力。在断开任何燃油管线前，燃油压力必须释放，否则将引起着火及人身伤害。

注意：要把车间用毛巾包裹在已断开的接头上来吸收管道中的残余燃油。

（4）拆下燃油滤清器固定架，取出燃油滤清器，将新的燃油滤清器安装上。

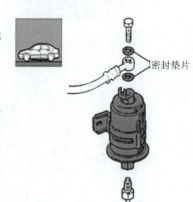

密封垫片

图 4-18　燃油滤清器更换示意图

注意：燃油滤清器的进、出油方向不得装反，通常燃油滤清器上有安装标志，如图 4-19 所示。

图 4 - 19　燃油滤清器安装示意图
1—进油端；2—安装方向标记；3—出油端

安装油管并按规定力矩扭紧管箍，如果是快速接头型，应安装到位；然后在安装好之前拆卸燃油泵保险丝或继电器，连接蓄电池负极导线，把点火开关置于"ON"的位置，让燃油泵工作，使燃油系统压力恢复正常，并将车再升至高位，检查并确保油管与燃油滤清器的接头处无泄漏。

四、任务实施

（一）操作准备

准备维护操作所需的物料，见表 4 - 10。

表 4 - 10　物料准备

类别	所需物料
教学车辆/实训平台	实训车或发动机系统实训平台、举升机
设备、仪器、工具	燃油滤清器拆装工具、常用维修工具、维修手册

（二）制订计划

制订燃油供给系统检查与维护计划。

依据燃油供给系统维护相关知识及车辆维修手册、保养手册，制订燃油供给系统检查与维护作业计划，并将维护项目、所需工具设备、安全注意事项、技术要求等相关信息填写在表 4 - 11 中。

表4-11　燃油供给系统故障相关代码及数据流

序号	维护项目	安全防护要点	技术要求
	检查燃油管路是否变形		

（三）任务实施

各小组制订完计划后，轮值组长在作业开始前，明确安全员、质检员、操作员、监督员、管理员等人员，安排落实好每个小组成员的工作职责，然后严格按照制订的计划进行作业，如发现计划不合理，应及时进行修改、完善。

五、检查评价

对本任务的学习情况进行检查，并将相关内容填写在表4-12中。

表4-12　检查表

检查项目	检查结果	自评	小组互评	教师点评
是否具有安全意识、质量意识、环保意识、创新意识、工匠精神及良好的职业素养	是□　否□			
是否严格遵守安全操作规程	是□　否□			
是否能正确描述燃油供给系统维护重要性、作业内容及技术要求	是□　否□			

检查项目	检查结果	自评	小组互评	教师点评
是否规范完成燃油供给系统检查	是□ 否□			
是否规范完成燃油供给系统泄压操作	是□ 否□			
是否规范完成燃油滤清器拆卸	是□ 否□			
是否按规安装燃油滤清器	是□ 否□			
是否按规定连接油泵线路	是□ 否□			
是否规范检查燃油系统漏油情况	是□ 否□			
工具设备是否整理并放至指定位置	是□ 否□			
实训工位是否打扫干净	是□ 否□			

六、总结反思

1. 完成本任务应了解哪些知识?

2. 完成本系统维护作业，应掌握哪些技能要点及注意事项?

3. 完成本任务存在的不足及改进措施。

七、知识拓展

（一）柴油发动机的筒式燃油滤清器更换

燃油滤清器更换步骤如图 4-20 所示。

（1）从燃油滤清器排放燃油。

（2）使用专用维修工具拆卸燃油滤清器及垫片。

（3）使用专用钳子，拆卸燃油滤清器警告开关及 O 形环。

（4）在燃油滤清器警告开关上安装一个新的 O 形环。

（5）在燃油滤清器警告开关的 O 形环上涂上燃油。

（6）用手将燃油滤清器警告开关安装在燃油滤清器上。

（7）在新的燃油滤清器的垫片上涂燃油。

（8）用手将燃油滤清器安装到燃油滤清器托架上。

（9）使用启动泵加注燃油，并检查燃油是否渗漏。

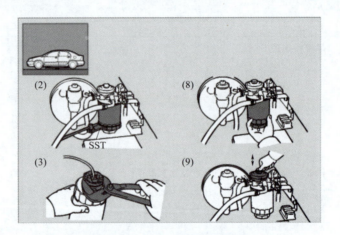

图 4-20　燃油滤清器更换步骤

（二）柴油发动机的纸质滤芯型燃油滤清器更换

纸质滤芯型燃油滤清器的结构组成如图 4-21 所示。

（1）拆卸燃油滤清器总成。

（2）拆卸对中螺栓和燃油滤清器下部主体总成。

（3）从燃油滤清器上部主体拆卸垫片。

（4）从下部主体拆卸 2 个垫片、滤芯、弹簧片和弹簧。

（5）从对中螺栓上拆卸 O 形环。

（6）清洁下部主体以及对中螺栓。

（7）拿一只新的 O 形环、垫片和滤芯，按照与步骤（1）至（5）相反的顺序重新装配，确保在 O 形环和垫片上涂燃油。

（8）通过操作启动泵将空气从燃油滤清器中放掉。

（9）起动发动机并检查是否有燃油渗漏。

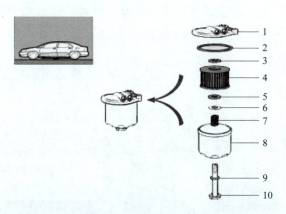

图 4-21　纸质滤芯型燃油滤清器的结构组成

1—上部主体；2—密封圈；3，5—垫片；4—滤清器滤芯；

6—弹簧片；7—弹簧；8—下部主体；9—O 形环；10—对中螺栓

任务 4　冷却系统检查与维护

 学习目标

知识微课

1. 理解冷却系统维护的重要性。

2. 会描述冷却系统维护项目技术要求、作业规范。

3. 知道发动机冷却液的种类及选用原则。

4. 会对发动机冷却系统进行规范检查。

5. 会规范地更换冷却液。

一、任务描述

发动机冷却系统是车辆中一个非常重要的组成部分。冷却系统的正常工作可降低发

动机的工作温度，使发动机的热能得到合理的调配，避免发动机爆缸、气缸套变形等故障；还可以提高发动机的效率，改善燃油的利用率，降低油耗以及排放污染物的含量，减少废气对环境的污染。如图 4 – 22 所示，冷却液使用一段时间后会蒸发减少、变质，还可能泄露，如果不及时更换、检查，就会影响发动机的使用性能。同时，如果冷却系统的散热器出现问题，也会造成发动机的损坏。

本工作任务就是检查冷却系统工作是否正常、冷却系统是否泄漏、冷却液的更换是否正确，保证发动机工作温度正常，减少发动机故障。

图 4 – 22　冷却系统对发动机的影响

二、任务解析

冷却系统检查与维护主要是按照车辆保养手册规定的冷却系统维护作业项目，依据维修手册规定的作业步骤、方法和技术要求对冷却系统进行检查，并更换冷却液，工作思路如下。

（1）根据车型保养手册、维修手册或者相应的技术规范，明确作业项目，准备相关工具和配件。

（2）打开发动机舱舱盖，检查储液罐内冷却液液位和质量。

（3）检查冷却液是否泄露。

（4）检查散热器安装使用情况。

（5）检查水泵的使用情况。

（6）排空冷却液并清洁冷却系统。

（7）加注规定量的冷却液。

（8）起动发动机，检查仪表盘上散热器水位指示灯状态，以及冷却液液位、温度及其是否泄漏。

（9）竣工检查和工作现场"5S"。

三、相关知识

（一）维护作业项目内容及技术要求

冷却系统检查、维护项目及技术要求见表 4 – 13。

表 4 – 13　冷却系统检查、维护项目及技术要求

序号	项目	技术要求	备注
1	检查冷却液液位及冷却液质量状态	冷却液液位应在散热器"FULL"和"LOW"中间位置，冷却液颜色应正常、透明且无杂质	冷却液减少或变质，应查明原因
2	检查冷却系统中的部件、管道是否漏液	各部件、管道及管道连接处等均不得漏液	如果漏液，应进行维修、清理
3	检查散热器安装、使用情况	散热器安装位置正确且牢固；散热器片不应受到异物堵塞和碰撞；散热器盖压力正常，能平稳操作；橡胶密封垫无裂纹或破损	如堵塞或弯曲，应及时清理、校直
4	检查水泵的使用情况	皮带正确安装在皮带轮槽内；皮带松紧度适当，无磨损、裂纹，运行时无异响、漏水现象	—
5	更换冷却液	车辆每两年或者行驶 40 000 km 左右应更换一次冷却液；根据维修手册加入相同类型、规定量的冷却液	车型不同，车辆使用环境不同，具体更换间隔里程也不同
6	清洗冷却系统	车辆行驶至 100 000 km 后，可根据使用状况进行冷却水道的清洗	车型不同，使用环境不同，具体清洗间隔根据车辆状况完成
7	检查散热器水位指示灯是否正常	散热器水位指示灯在冷却液正常时应熄灭	—

（二）维护作业规范及要点

1. 选择适合的冷却液类型

选用技巧：按照车辆维修手册规定和汽车使用环境、温度进行选择。

2. 检查发动机冷却液液位、质量

（1）检查冷却液液位之前，汽车应停放在平面上，关掉点火开关，拉紧驻车制动器，打开发动机舱盖，仔细检查散热器中的冷却液是否在最低与最高位置之间，如图 4 – 23 所示。如冷却液低于低位线，则应添加与该车相应型号的冷却液，确保冷却液处于规定的范围内。

注意： 如果冷却液液位低于最低线，则应检查是否存在泄漏位置。

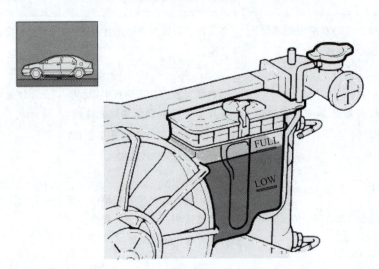

图 4 – 23　冷却液液位检查示意图

（2）冷却液质量检查主要是检查冰点是否符合当地最低气温。检查时通常使用冰点测试仪，检测并读取冷却液冰点，若符合当地最低气温和牌号要求，则合格。

提示： 冰点检测仪的使用方法：打开冷却液储液罐，取出几滴冷却液，放在冰点测试仪的前端检测处，盖好盖板，如图 4 – 24 所示，在光线充足处，在冰点测试仪检视口处读取冰点数值，若所测冰点高于牌号标准，或高于所在地最低气温，则应更换新的冷却液。

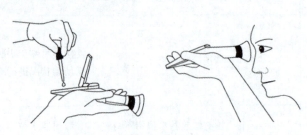

图 4 – 24　冷却液冰点检测示意图

3. 检查冷却液是否泄漏

（1）检查冷却系统压力，判断冷却系统是否泄露。

如果储液罐内冷却液过少或有乳白色物质，应检查冷却液的泄露情况。方法如下：拆下带压力阀的加液口盖，把冷却系统测试仪装到加液口处，加压至 108 kPa，10 s 内压力应不下降，如图 4 - 25 所示。如有下降，则应仔细观察何处泄漏。

注意：

➤ 发动机仍然很热时，不要立即拆卸散热器盖，否则冷却液将会溅出，待发动机冷却后再操作。

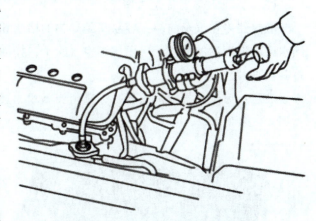

图 4 - 25　冷却系统测试仪使用示意图

➤ 热车检查冷却系统时，即使点火开关 "OFF"，电动风扇也可能突然转动。热车打开加液口盖时要防止冷却液因压力过高而溢出伤人。

（2）检查冷却水管是否有裂纹、变形、渗漏，安装是否牢固，如图 4 - 26 所示。

①检查冷却液是否从散热器、橡胶软管、散热器盖和软管夹周围渗漏；

②检查属于冷却系统的橡胶软管是否有裂纹、隆起或者硬化；

③检查软管连接和管箍的安装是否松动。

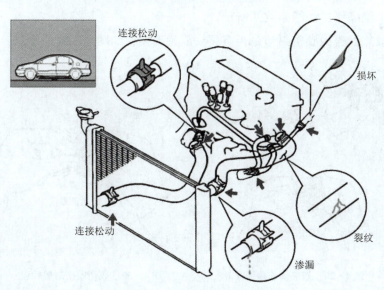

图 4 - 26　冷却水管检查示意图

4. 检查散热器安装、使用情况

（1）检查散热器片安装是否稳固。

（2）检查散热器片是否堵塞。

散热器多在汽车前端，容易受到异物的堵塞和碰撞，如图 4 – 27 所示，如堵塞，可用水或蒸汽清洁器清洁，再用压缩空气吹干；如散热器片弯曲，则可用螺丝刀或者钳子将其校直。

注意： 为避免损坏散热器片，压缩空气喷射方向应与散热器芯表面保持一定角度，如图 4 – 28 所示。

图 4 – 27　散热器片堵塞示意图

图 4 – 28　散热器片清洗示意图

（3）检查散热器盖。

①使用一个散热器盖测试仪测量阀门开启压力，并检查其是否在规定的范围以内，真空阀能够平稳操作，如图 4 – 29 所示。

②检查散热器盖橡胶密封垫是否有裂纹或者破损，如图 4 – 30 所示。

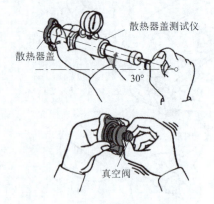

图 4 – 29　散热器盖检查

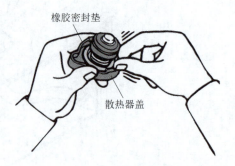

图 4 – 30　散热器密封垫检查

5. 检查水泵的使用情况检查

（1）检查皮带的安装情况，确保其已正确地安装在皮带轮槽内。

（2）检查水泵皮带松紧度，检查皮带是否磨损或有裂纹。

①张紧度检查：通过用手指按压传动皮带检查弯曲程度，如图4-31所示。

提示：通过在维修手册中规定的区域施加一个98 N（10 kgf，22.0 lbf)① 的力检查松紧程度，或者使用皮带张力计检查。

②磨损检查：检查传动皮带的整个外围是否有磨损、裂纹、层离或者其他损坏，如图4-31所示。

提示：如果无法检查皮带的整个外围，则通过在发动机转动方向转动曲轴带轮检查皮带。

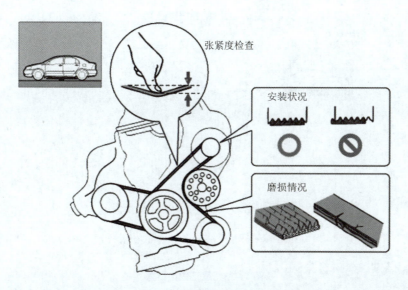

图4-31　水泵皮带检查

（3）做好安全防护工作，起动发动机，查看水泵是否有异响、漏水。

6. 排放发动机冷却液

（1）在发动机下部放好冷却液收集装置，松开散热器盖45°，释放内部压力，如图4-32所示。

（2）散热器内部的压力释放后，取下散热器盖，如图4-33所示。

（3）松开散热器排放塞和发动机排放塞以便排放冷却液，如图4-34所示。

（4）断开储液罐软管，从储液罐中排放出冷却液，如图4-35所示。

---

① 　lbf = 4.45 N = 0.454 kgf。

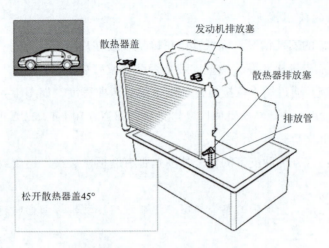

散热器盖

发动机排放塞

散热器排放塞

排放管

松开散热器盖45°

图 4 – 32　松开散热器盖

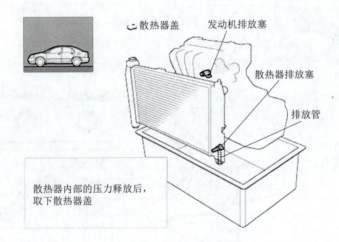

散热器盖

发动机排放塞

散热器排放塞

排放管

散热器内部的压力释放后，取下散热器盖

图 4 – 33　取下散热器盖

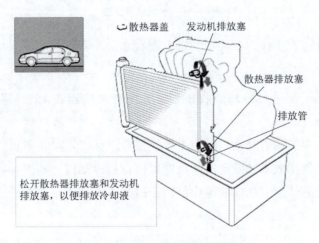

散热器盖

发动机排放塞

散热器排放塞

排放管

松开散热器排放塞和发动机排放塞，以便排放冷却液

图 4 – 34　排放散热器中冷却液

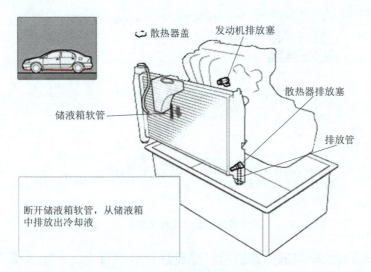

图 4-35　排放储液罐中冷却液

（5）冷却液放出后，取下排放塞，用水冲洗冷却系统，如图 4-36 所示。

提示：车辆行驶至 100 000 km 后，可根据使用状况进行冷却水道的清洗，简易的清洗方法与加注冷却液的操作步骤相同，即加入冷却液或专用清洗剂清洗水道，然后再重新加注冷却液。

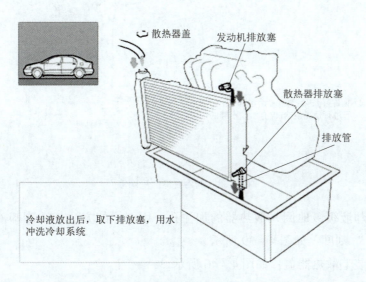

图 4-36　清洗冷却系统

7. 加注发动机冷却液

（1）重新拧紧散热器和发动机的排放塞，并重新接上储液箱软管，如图 4-37 所示。

113

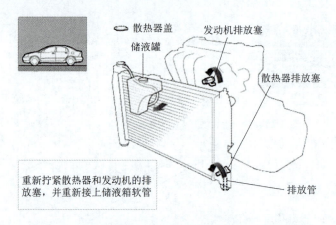

散热器盖
储液罐
发动机排放塞
散热器排放塞
重新拧紧散热器和发动机的排放塞，并重新接上储液箱软管
排放管

图 4 – 37　安装散热器和发动机的排放堵塞、储液箱软管

（2）准备好长效冷却液，参照用户手册进行适当混合（仅有水是不够的），如图 4 – 38 所示。

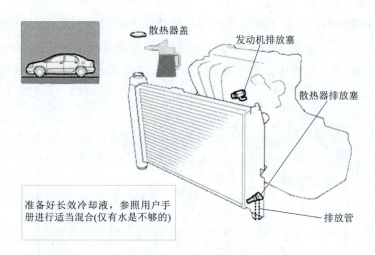

散热器盖
发动机排放塞
散热器排放塞
准备好长效冷却液，参照用户手册进行适当混合(仅有水是不够的)
排放管

图 4 – 38　选用合适的冷却液

（3）把冷却液缓慢地倒入散热器的加注孔，用同样的方法加注冷却液至散热器储液箱的"FULL"刻度，如图 4 – 39 所示。

（4）重新装上散热器盖，如图 4 – 40 所示。

8. 检查冷却液

加注完成后，应检查冷却液加注量是否足够、是否泄漏。让发动机运转到正常工作温度后，检查仪表盘上冷却液位警告指示灯状态是否正常，如图 4 – 41 所示，检查储液罐内没有空气出现为好，停机熄火，待冷却到室温再观察储液罐液面高度，视情况添加，同时检查各个管道、连接处等有无泄漏情况。

114

9. 工作现场"5S"

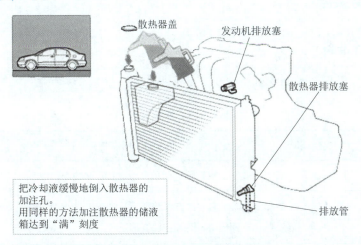

把冷却液缓慢地倒入散热器的
加注孔。
用同样的方法加注散热器的储液
箱达到"满"刻度

图 4 – 39　加注冷却液

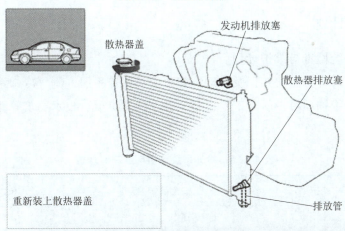

重新装上散热器盖

图 4 – 40　散热器盖的安装

图 4 – 41　冷却液位警告指示灯示意图

四、任务实施

(一）操作准备

准备维护、操作所需的物料，见表4-14。

表4-14　物料准备

类别	所需物料
教学车辆/实训平台	实训车或发动机系统实训平台、型号匹配的冷却液
设备、仪器、工具	冷却液收集装置、冷却系统泄漏检测仪、冰点测试仪、常用维修工具、维修手册、车辆挡块、防护三件套等

(二）制订计划

制订冷却系统检查与维护计划。

依据冷却系统维护相关知识及车辆维修手册、保养手册，制订冷却系统检查与维护作业计划，并将维护项目、所需工具设备、安全注意事项、技术要求等相关信息填写在表4-15中。

表4-15　冷却系统检查与维护计划表

序号	维护项目	安全防护要点	技术要求

(三）任务实施

各小组制订完计划后，轮值组长在作业开始前，明确安全员、质检员、操作员、监督员、管理员等人员，安排落实好每个小组成员的工作职责，然后严格按照制订的计划进行作业，如发现计划不合理，应及时进行修改、完善。

五、检查评价

对本任务的学习情况进行检查，并将相关内容填写在表 4 – 16 中。

表 4 – 16　检查表

检查项目	检查结果	自评	小组互评	教师点评
是否具有安全意识、质量意识、环保意识、创新意识、工匠精神及良好的职业素养	是□　否□			
是否严格遵守安全操作规程	是□　否□			
是否能正确描述冷却系统维护重要性、作业内容及技术要求	是□　否□			
是否规范完成冷却液液位、质量检查	是□　否□			
是否规范检查冷却液泄漏情况	是□　否□			
是否按规定检查散热器片	是□　否□			
是否规范完成冷却液排放	是□　否□			
是否规范完成冷却液加注	是□　否□			
加注冷却液后是否按规定检查冷却液量	是□　否□			
工具设备是否整理并放至指定位置	是□　否□			
实训工位是否打扫干净	是□　否□			

六、总结反思

1. 完成本任务应了解哪些知识？

续表

> 2. 完成本系统维护作业，应掌握哪些技能要点及注意事项？
>
>
>
>
> 3. 完成本任务存在的不足及改进措施。

七、知识拓展

冷却液相关知识

1. 冷却液的分类

现代汽车所用冷却液是指在原来防冻液的基础上再加防沸剂、防锈剂和防垢剂等，从而具有防结冰、防沸腾、防锈蚀和防水垢等综合作用的冷却媒介，适用于全国全年各种车辆的使用。因过去主要用于防结冰，故许多地方仍称其为防冻液。应注意区分现代冷却液与过去单纯防冻液之间的区别，不能认为冷却液就是防冻液，以及它只用于北方地区车辆冬季冷却的错误认识。目前，常用的冷却液有以下几种类型。

1）酒精型冷却液

酒精沸点是 78.3 ℃，冰点是 −114 ℃，酒精与水以任意比例混合后，可组成不同冰点的冷却液。酒精冷却液价格便宜，流动性好，配制工艺简单，但因其沸点较低、易蒸发损失、冰点易升高、易燃等，现已逐渐被淘汰。

2）甘油型冷却液

甘油型冷却液沸点高、挥发性小、不易着火、无毒、腐蚀性小，但甘油降低冰点的效率低、成本高、价格昂贵，因此这种冷却液用得较少，只有少数北欧国家仍在使用。

3）乙二醇型冷却液

乙二醇是一种无色微黏液体，沸点是 197.4 ℃，冰点是 −11.5 ℃。乙二醇与水混合后由于改变了冷却液的蒸气压，冰点会显著降低。乙二醇型冷却液是用乙二醇作防冻剂，并添加少量抗泡沫、防腐蚀等综合添加剂配制而成。由于乙二醇易溶于水，故可以任意配成各种冰点的冷却液，其最低冰点可达 −68 ℃。这种冷却液具有沸点高、泡沫倾向低、黏温性能好、防腐和防垢等特点，是一种较为理想的冷却液。目前国内外发动机所使用的和市场上所出售的冷却液几乎都是乙二醇型冷却液。

2. 冷却液的选用及注意事项

1）根据环境温度选择冷却液牌号

目前市场上的汽车冷却液主要以冰点温度确定牌号，主要有 – 25 ℃、– 30 ℃、– 35 ℃、– 40 ℃和 – 45 ℃等几种常用牌号。一般情况下，选用冷却液的冰点要比当地最低气温低 10 ~ 15 ℃，如当地最低气温为 – 30 ℃，则应选用 – 40 ℃或 – 45 ℃牌号的发动机冷却液。

2）不同类型的冷却液不可混加

目前市场上常见的汽车冷却液有绿色、红色和蓝色，不同颜色的冷却液，其成分也不同，因此在选用冷却液时，不可以将不同颜色的冷却液混加。

3）更换周期

多数车辆的汽车冷却液更换周期为每 40 000 km 或 2 年，更换时要严格按照车辆维修手册或保养手册的规定，也要结合冷却液质量进行更换。

任务 5　点火系统检查与维护

知识微课

学习目标

1. 情绪平和，懂得管控自己的情绪。
2. 了解汽车点火系统的功用及出现故障后的影响，以及进行维护的重要性和目的。
3. 能正确描述点火系统维护作业项目内容、技术要求和作业规范。
4. 能正确、规范地利用工具设备对点火系统进行维护作业。

一、任务描述

点火系统的作用是将电能转化为火花能，点燃混合可燃气，使发动机正常工作。点火系统的工作原理是利用点火线圈将蓄电池的低电压转化为高电压，然后通过点火开关控制点火线圈的通断，使高电压通过火花塞点燃混合可燃气，从而使发动机正常工作。点火系统的重要性在于它直接影响到发动机的工作效率和性能。如图 4 – 42 所示，如果点火系统出现故障，会导致发动机无法正常工作，甚至无法起动。因此，保持点火系统的正常工作状态对于汽车的正常运行非常重要。本工作任务就是检查发动机点火系统工

作是否正常及更换火花塞。

二、任务解析

点火系统检查与维护主要是按照车辆保养手册规定的点火系统维护作业项目，依据维修手册规定的作业步骤、方法、技术要求对点火系统进行检查，并更换火花塞，工作思路如下。

（1）根据车型保养手册、维修手册或者相应的技术规范，明确作业项目，准备相关工具和配件。

（2）检查点火系统线路。

（3）检查火花塞。

（4）检查点火线圈。

（5）竣工检查和工作现场"5S"。

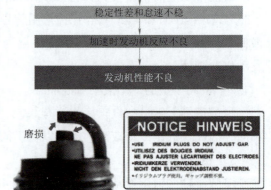

提示牌

图4-42　火花塞对发动机的影响

三、相关知识

（一）维护作业项目内容及技术要求

点火系统检查维护项目及技术要求见表4-17。

表4-17　点火系统检查维护项目及技术要求

序号	项目	技术要求	备注
1	检查点火系统线路	点火线路无破损、无裸露，连接可靠，固定牢靠，与运动部件无碰擦	
2	检查点火高压线	高压线表面无破损、无裂纹，外观良好，连接点无氧化，电阻值在规定范围内	
3	拆检火花塞。	火花塞电极、绝缘体正常，火花塞电极间隙符合规定	
6	检查点火线圈	高压点火线圈无龟裂、烧损、腐蚀以及漏电现象	

（二）维护作业规范及要点

1. 检查点火系统线路

线路应无破损、无裸露，连接可靠，固定牢靠，与运动部件无碰擦。

2. 拆检火花塞

1）拆卸点火线圈总成

将点火开关置于"LOCK"位置，打开发动机舱，取下发动机盖罩，依次断开四个点火线圈线束连接器，拧松点火线圈固定螺栓并用手取下，沿垂直方向按顺序取下火花塞上的高压点火线圈，如图4-43所示。

注意：连接吹气枪和压缩空气管路来清除火花塞孔周围的杂物和灰尘，避免杂物掉入发动机内。

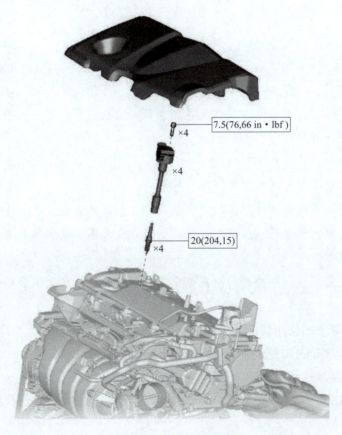

7.5(76,66 in·lbf)

×4

×4

20(204,15)

×4

图4-43　拆卸点火线圈

2）拆卸火花塞

选用合适的火花塞套筒工具，将火花塞套筒与火花塞中心对正、拧松，直到火花塞

螺纹完全退出后，将工具与火花塞一同取出，如图 4 - 44 所示，并用布块堵住火花塞孔，以确保火花塞被拆卸后不会有杂物掉进气缸里。

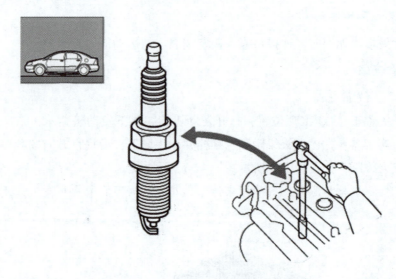

图 4 - 44　拆卸火花塞

提示：拆卸时，火花塞套筒要确实套牢火花塞，否则会损坏火花塞的绝缘磁体，引起漏电。为了稳妥，可用一只手扶住火花塞套筒并轻压套筒，另一只手转动套筒，卸下的火花塞应按顺序排好。

注意：

➢ 拆装火花塞要等发动机温度下降后再进行。

➢ 在拆下高压点火线圈时，应做好各缸的记号，以免弄乱。

➢ 拆卸高压点火线圈时，应该左右多次旋动点火线圈，使火花塞与点火线圈套松动着卸下，不要猛拉。

➢ 拆卸火花塞之前，要检查火花塞套筒橡胶是否损坏；火花塞套筒必须与火花塞中心对正。

3）检查火花塞的使用情况

（1）对火花塞的外观进行检查，若出现电极磨损、颜色不正常、火花塞烧蚀严重或结构有破损等故障，则根据维修手册规定更换里程进行清洁或更换。

①检查电极磨损情况，检查火花塞电极边缘是否未被完全磨掉或者变圆，如图 4 - 45 所示。

②检查螺纹是否完好，火花塞绝缘体是否干净整洁，无油污、积炭、损坏、破裂情况，如图 4 - 46 所示。

③检查火花塞的电极外观，正常的火花塞电极外观应呈现灰白色，且没有积炭、油

污，如图 4 - 47 中 (a) 所示。

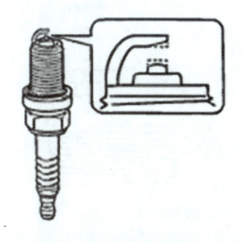

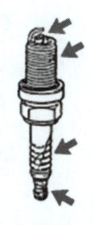

图 4 - 45　火花塞电极磨损情况　　　　　图 4 - 46　火花塞螺纹、绝缘体检查

（2）检查火花塞电极的间隙。

火花塞的间隙因车型、车种的不同而异，可以从随车手册中查到，可使用塞尺测量火花塞电极间隙，如图 4 - 48 所示。如果间隙过宽，可能会引起缺火；若太窄，则可能导致电极过早地被烧蚀。旧火花塞的最大电极间隙为 12 mm，新火花塞的标准电极间隙为 0.7 ~ 0.8 mm。

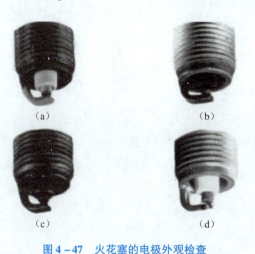

(a)　　　　　　　　　(b)

(c)　　　　　　　　　(d)

图 4 - 47　火花塞的电极外观检查

(a) 正常；(b) 碳污；(c) 油污；(d) 过热

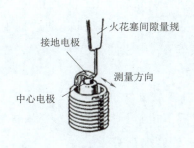

图 4 - 48　火花塞电极间隙检查

火花塞间隙量规

接地电极

测量方向

中心电极

提示：调整间隙时，只能弯动旁电极，不能弯动中心电极，以免损坏绝缘体。间隙太大时，可用螺丝刀柄轻轻敲打外电极，但不要用力过大；间隙过小时，可用"一"字头的螺丝刀把间隙调整到要求大小，如图 4 - 49 所示。

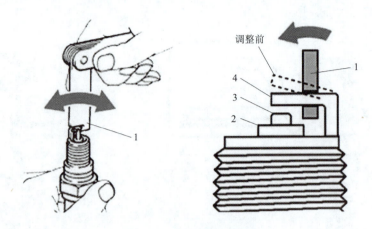

图 4 - 49　火花塞间隙调整

1—火花塞间隙规；2—绝缘体；3—中央电极；4—接地电极

注意：不要调整镶铂或者镶铱的火花塞间隙或者使用一个火花塞清洁剂清洁一个镶铂或者镶铱的火花塞。但是，如果火花塞非常乌黑，可以短时间（小于20 s）清洁火花塞。

（3）检测火花塞的绝缘电阻

使用兆欧计测量火花塞（端子部件）和车身接地点之间的绝缘电阻，如图4 - 50所示，规定状态为10 MΩ或更大，如低于规定值，则需要更换火花塞。

（4）对火花塞进行火花测试。

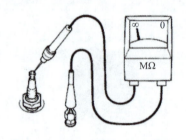

图 4 - 50　火花塞绝缘电阻检测

方法如下：首先，断开喷油器连接器，再将火花塞安装到各点火线圈上，并连接点火线圈连接器，将火花塞搭铁，检查发动机起动过程中是否出现火花。正常状态下，电极间会出现火花。

注意：

➤ 不要使发动机起动超过2 s。

➤ 操作时戴上橡胶手套，身体其他部位不要接触车身。

4）安装火花塞

安装火花塞之前，要根据原厂规定或相应的火花塞对应表，准备好火花塞型号。安装火花塞时，先将火花塞放入火花塞套筒内，再连同工具对准火花塞孔螺纹，如图4 - 51所示，慢慢用手拧上几圈，直到拧不动为止，最后再用扭力扳手将新火花塞拧紧。

注意：

➤ 在火花塞旋入螺纹时，应对正，才能顺利旋入，如遇阻力过大时，应旋出检查，调整后再次拧入。

➤ 火花塞紧固力矩为 20 N·m，不宜过大，以免损坏火花塞。

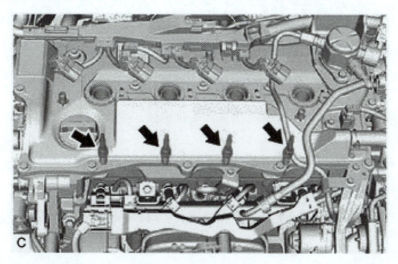

图 4–51　安装火花塞

3. 检查点火线圈

检查高压线圈是否有龟裂、烧损和腐蚀现象，是否有漏电情况，如有，则应及时更换。

提示：高压线圈若有漏电现象，则打开机盖，在怠速时一般可以听到清脆的"叭、叭"声；如果在夜晚打开发动机罩，则能看见火花从高压线上跳出，并且发动机伴有不同程度的抖动现象，即表明高压线圈已不能正常工作了，应及时更换。

4. 检查高压线电阻值。

用欧姆表测量高压线电阻，如图 4–52 所示，最大电阻为 25 kΩ（每根高压线）。如果电阻大于最大值，则更换所有高压线。

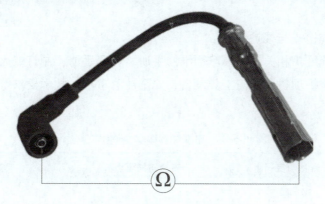

图 4–52　高压线电阻值检查

5. 安装点火线圈总成

在安装点火线圈时，要依次将点火线圈垂直插入安装孔内，并确保完全插入，与火花塞接触良好，再用扭力扳手以 7.5 N·m 的力矩拧紧点火线圈固定螺栓，最后再依次连接点火线圈线束连接器。

注意：

➢ 在安装点火线圈时，注意各缸线的顺序，不要插错。

➢ 点火线圈放入时应先对正火花塞头部套接部位，再对准点火线圈总成螺孔，然后垂直压入点火线圈总成。

➢ 压入点火线圈时，应感觉到由松到紧，再由紧到松，直到不能再按下时为止。

6. 试车检查

最后进行试车检查，确认是否能正常打火，各部件是否能正常运转。

7. 工作现场"5S"

四、任务实施

（一）操作准备

准备维护操作所需的物料，见表 4–18。

表 4–18　物料准备

类别	所需物料
教学车辆/实训平台	实训车或发动机系统实训平台、火花塞若干
设备、仪器、工具	常用维修工具、维修手册、车辆挡块、扭力扳手、塞尺、防护三件套等

（二）制订计划

制订点火系统检查与维护计划。

依据点火系统维护相关知识及车辆维修手册、保养手册，制订点火系统检查与维护作业计划，并将维护项目、所需工具设备、安全注意事项、技术要求等相关信息填写在表 4–19 中。

表 4–19　点火系统检查与维护计划表

序号	维护项目	安全防护要点	技术要求

续表

序号	维护项目	安全防护要点	技术要求
	检查火花塞		

五、检查评价

对本任务的学习情况进行检查，并将相关内容填写在表4-20中。

表4-20　检查表

检查项目	检查结果	自评	小组互评	教师点评
是否具有安全意识、质量意识、环保意识、创新意识、工匠精神及良好的职业素养	是□　否□			
是否严格遵守安全操作规程	是□　否□			
是否能正确描述点火系统维护重要性、作业内容及技术要求	是□　否□			
是否规范完成蓄电池检查	是□　否□			
是否规范完成发电机检查	是□　否□			
是否规范完成火花塞拆卸	是□　否□			
是否规范完成火花塞检查	是□　否□			
是否规范完成火花塞安装	是□　否□			
是否按规定力矩扭紧火花塞	是□　否□			
是否规范检查并安装点火线圈	是□　否□			

续表

检查项目	检查结果	自评	小组互评	教师点评
工具设备是否整理并放至指定位置	是□ 否□			
实训工位是否打扫干净	是□ 否□			

（三）任务实施

各小组制订完计划后，轮值组长在作业开始前，明确安全员、质检员、操作员、监督员、管理员等人员，安排落实好每个小组成员的工作职责，然后严格按照制订的计划进行作业，如发现计划不合理，应及时进行修改完善。

六、总结反思

1. 完成本任务应了解哪些知识？

2. 完成本系统维护作业，应掌握哪些技能要点及注意事项？

3. 完成本任务存在的不足及改进措施。

七、知识拓展

点火线圈

（一）火花塞结构

火花塞的功用是：将点火线圈产生的脉冲高电压引入燃烧室，并在其两电极之间产生电火花，以点燃可燃混合气，如图 4 – 53 所示。火花塞连接在点火线圈次级绕组末端，主要由陶瓷绝缘体、接线螺杆、接线螺母、中心电极、侧电极等组成。钢质的火花塞壳体内部固定有陶瓷绝缘体，绝缘体中心孔上部有金属接线螺杆，接线螺杆上端有接线螺母，用来接高压导线，绝缘体下部有中心电极，如图 4 – 54 所示。

图 4 – 53　火花塞

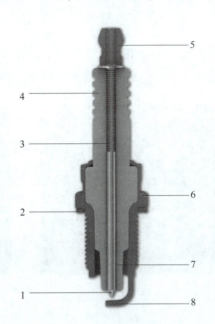

图 4 – 54　火花塞剖面图

1—中心电极；2—密封垫圈；3—接线螺杆；

4—陶瓷绝缘体；5—接线螺母；6—火花塞光体；

7—绝缘体顶部；8—侧电极

（二）火花塞常见故障

发动机运转过程中，火花塞除了承受较大的电负荷外，还与高温、高压燃气直接接触，且受到燃烧产物的强烈腐蚀。正常情况下，火花塞绝缘体端部呈浅褐（灰）色，表面没有燃油或机油沉积物，说明热值正确且点火正常。因火花塞属于汽车易损件（消耗用品），且受燃油品质、自身工艺质量、工作环境等影响，故使用中故障率较高，现列举其常见的几种故障。

1. 积炭

当火花塞上有松软、乌黑的沉积物时，说明火花塞有积炭。积炭是可以导电的，可能造成火花塞失火，如图 4 – 55 所示。

图 4 – 55　火花塞积炭

2. 机油油污

当火花塞电极和内部出现油性沉积物时，表明机油进入燃烧室内。当出现这一现象时，机油沉积物覆盖火花塞会使火花塞无法通过间隙跳火，而是通过机油从更短的路径跳火到侧电极，如图4－56所示。

3. 积灰

积灰，即火花塞中心电极及侧电极表面覆盖有浅褐色沉积物。积灰若出现在火花塞半边，将引起自点火，造成功率损失或损坏发动机，如图4－57所示。

图4－56　火花塞上有油性沉积物　　　　　图4－57　火花塞积灰

4. 爆燃

绝缘体顶端破裂时，点火时刻过早，可能导致发动机爆燃，相同的振动也会损坏其他发动机零部件，如活塞和气门，如图4－58所示。

5. 瓷件大头爬电

绝缘体上出现垂直于铁壳方向的黑色燃烧痕迹，会导致点火高压沿着瓷体外部闪络接地，从而使发动机失火，如图4－59所示。

图4－58　火花塞爆燃　　　　　　　图4－59　瓷件大头爬电

（三）更换火花塞的原因

当电极通过火花放电，从容易放电的地方消耗电量，尤其是中心电极达到更高的温度时，电极被酸化消耗掉，将会加重火花的飞溅，可能会引起混合气体的点火不稳定。这样一来，可能会导致发动机动力降低、燃油费用恶性增长、发动机寿命减弱，因此，推荐火花塞的交换里程如图 4－60 所示。

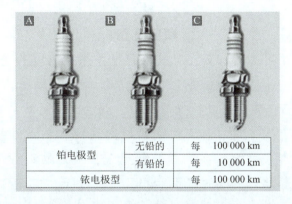

铂电极型	无铅的	每	100 000 km
	有铅的	每	10 000 km
铱电极型		每	100 000 km

图 4－60　火花塞建议更换里程

项目五

底盘检查与维护

项目简介

　　底盘是汽车必不可少的部分，其技术状况关系到车辆行驶安全性和操控性，本项目包括4个任务，分别是任务1　行驶系统检查与维护、任务2　传动系统检查与维护、任务3　转向系统检查与维护、任务4　制动系统检查与维护，主要介绍了汽车底盘行驶系统、传动系统、转向系统和制动维护的重要性，以及相关维护作业项目和技术要求、维护作业规范，通过制订计划、任务实施、检查评价等环节，培养学生良好的职业素养、质量意识、安全意识、工匠精神等，提升学生汽车底盘行驶系统、传动系统、转向系统和制动维护方面的知识及相关实操能力。

任务 1　行驶系统检查与维护

学习目标

知识微课

　　1. 具有良好的职业素养、质量意识、环保意识、安全意识、创新意识、工匠精神。

　　2. 爱岗敬业、乐业、精业，忠于职守，规范作业。

　　3. 了解汽车行驶系统的功用及出现故障后的影响，以及进行维护的重要性和目的。

　　4. 能正确描述行驶系统维护作业项目内容、技术要求和作业规范。

　　5. 能正确、规范地利用工具设备对行驶系统进行维护作业。

一、任务描述

　　行驶系统是否正常，直接影响汽车的使用寿命以及行车安全。汽车行驶一定的里程、时间后，车身及底盘各部分的连接螺栓会松动，轮胎会产生损坏、不均匀磨损，充气压力会发生变化等。如果不及时对行驶系统进行检查与维护，会给车辆行驶带来极大的安全隐患，如图 5-1 所示。本工作任务主要是检查行驶系统是否正常，并能熟练找到车身及底盘各部分连接螺栓的安装位置，运用专用工具进行检查和紧固，会检查悬架系统泄漏、刚性、弹性及连接情况，会对轮胎包括备用轮胎的充气压力、损坏、磨损、不均匀磨损进行检查，确保汽车行驶系统工作正常。

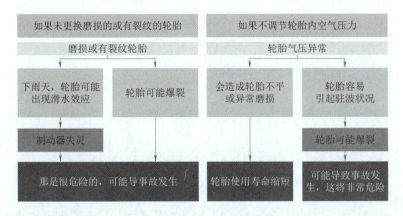

图 5-1　轮胎对车辆使用的影响

二、任务解析

行驶系统检查与维护主要是对维修手册、保养手册规定的行驶系统维护作业项目，依据相应的技术要求进行维护作业，工作思路如下。

（1）根据车型、保养手册、维修手册或者相应的技术规范，明确作业项目，准备相关工具。

（2）检查车身与底盘的连接状态，判断悬架系统是否正常。

（3）检查悬架弹簧是否折断与损坏。

（4）检查悬架系统松旷情况，检查减震器密封及紧固情况。

（5）检查轮胎磨损状况。

（6）测量轮胎气压，若气压不在标准范围，则须进行气压加注。

（7）检查轮胎是否漏气。

（8）竣工检查和工作现场"5S"。

三、相关知识

（一）维护作业项目内容及技术要求

行驶系统检查、维护项目及技术要求见表 5-1。

表5-1　行驶系统检查、维护项目及技术要求

序号	项目	技术要求	备注
1	检查减震器的减振力	减震器有明显的反弹力	
2	检查车辆的倾斜度	目测车身无倾斜	
3	检查轮胎表面裂纹或损坏情况	轮胎胎面和胎侧无裂纹、割痕或者其他损坏	
4	检查嵌入金属微粒或者其他异物	轮胎胎面金属微粒或者其他异物嵌入	
5	测量轮胎胎面沟槽深度	胎面沟槽深度 > 3 mm	如果压力比规定值高，应释放一些空气；如果压力比规定值低，应补充气压
6	检查轮胎异常磨损	轮胎的外围无不均匀或阶段磨损	
7	测量轮胎气压	轮胎气压在标准值规定范围内	轮胎气压标准值因轮胎型号不同而不同
8	检查轮胎是否漏气	轮胎无漏气现象	
9	检查轮辋	轮辋无损坏、腐蚀、变形和跳动	
10	检查减震器是否漏油	减震器应无漏油现象	渗漏的油液往往会由于灰尘而变黑
11	检查弹簧	弹簧无折断变形现象	
12	检查车身底部螺栓连接状况	按照技术标准紧固各连接螺栓	
13	紧固车轮螺栓	按照技术标准紧固车轮螺栓	

（二）维护作业规范及要点

1. 做好安全防护措施（见图5-2）

（1）作业前必须先拉起驻车制动器和安装车轮挡块。

（2）车辆举升应安全、稳固。

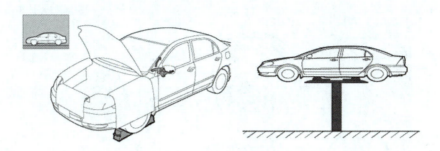

图 5 – 2　安全防护示意图

2. 检查减震器的阻尼状态

车辆倾斜度如图 5 – 3 所示。

（1）双手按在左右侧车身处，用力往下按，使减震器受压。按下后迅速将手离开车身，让减震器缓冲直到其停止不动，然后再重复上面的操作（两次）。

（2）检查完阻尼状态后，单脚蹲下，目视车辆是否倾斜。

（3）检查前减震器的上支撑是否松动。

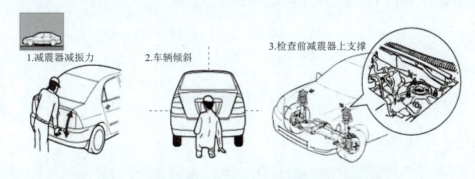

1.减震器减振力　　　2.车辆倾斜　　　3.检查前减震器上支撑

图 5 – 3　检查减震器的阻尼状态（车辆倾斜度）示意图

3. 检查轮胎（见图 5 – 4 ～ 图 5 – 6）

1）裂纹或者损坏

检查轮胎胎面和胎壁是否有裂纹、割痕或者其他损坏。

2）嵌入金属微粒或者外物

检查轮胎的胎面和胎壁是否嵌入任何金属微粒、石子或者其他异物。

3）胎面深度

使用一个轮胎深度规测量轮胎的胎面深度。

提示：可以通过观察与地面接触的轮胎表面的胎面磨耗指示标记轻易地检查胎面深度。

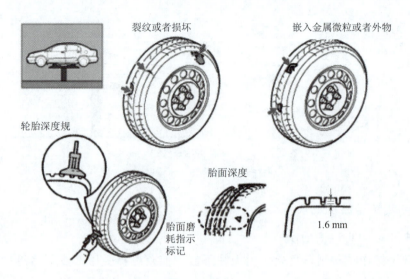

图 5 - 4   检查轮胎示意图

4）异常磨损

检查轮胎的整个外围是否有不均匀磨损和阶段磨损。

5）气压

检查轮胎气压。

6）漏气

检查气压后，通过在气门周围涂肥皂水检查是否漏气。

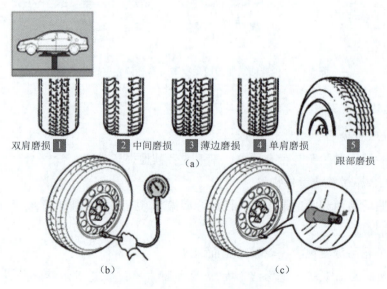

图 5 - 5   检查轮胎示意图

（a）异常磨损；（b）气压；（c）漏气

7）轮圈和轮盘损坏

检查轮圈和轮盘是否损坏、腐蚀、变形和跳动。

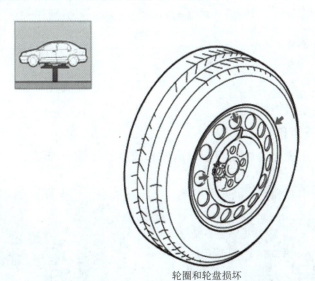

轮圈和轮盘损坏

图 5 – 6   检查轮胎示意图

4. 检查紧固减震器和悬架（见图 5 – 7）

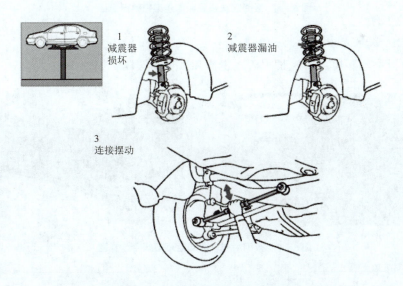

1
减震器
损坏

2
减震器漏油

3
连接摆动

图 5 – 7   检查前后减震器和悬架示意图

1）检查前后减震器是否损坏

用双手去摸减震器并检查减震器是否有裂纹、凹痕、弯曲、变形之类的损坏。

2）检查前后减震器是否泄漏

用双手去摸减震器并检查前后减震器是否有油液泄漏。

提示： 如果发现有漏油现象，可以先用纱布把漏油表面擦干净，然后过一段时间再来检查确认是否漏油。

3）连接摆动

通过用手摇晃悬架接头上的连接，检查衬套是否磨损或者有裂纹，并且检查是否摆动，同时检查连接是否损坏。

4）紧固前减震器和前悬架螺栓

用扭力扳手按照规定力矩紧固前减震器和前悬架螺栓，如图5-8所示。

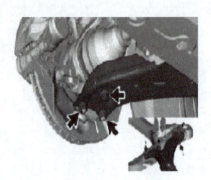

图5-8　紧固前减震器和前悬架螺栓示意图

5）紧固后减震器和悬架螺栓

用扭力扳手按照规定力矩紧固后减震器和后悬架螺栓，如图5-9所示。

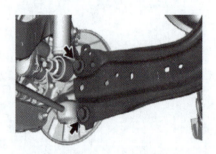

图5-9　紧固后减震器和后悬架螺栓示意图

5. 紧固车轮螺母（见图 5 – 10）

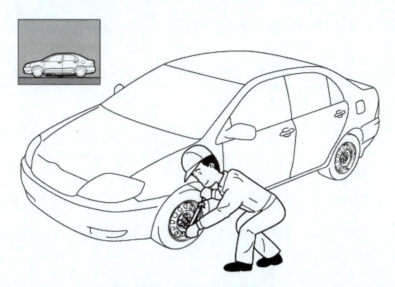

图 5 – 10　紧固车轮螺母示意图

将扭矩扳手设定到规定的扭矩（103 N·m），使用扭矩扳手对四个轮胎进行扭矩确认。

注意：有"咔嚓"的一声后即可，不可过度加力。

四、任务实施

（一）操作准备

准备维护操作所需的物料，见表 5 – 2。

表 5 – 2　物料准备

类别	所需物料
教学车辆/实训平台	实训车辆
设备、仪器、工具	车轮挡块、车辆内外三件套、常用维修工具、维修手册

（二）制订计划

制订行驶系统检查与维护计划。

依据行驶系统检查与维护相关知识及车辆维修手册、保养手册，制订行驶系统检查与维护作业计划，并将维护项目、所需工具设备、安全注意事项、技术要求等相关信息填写在表 5 – 3 中。

表 5 – 3   行驶系统检查与维护

序号	维护项目	安全防护要点	技术要求
	检查轮胎表面裂纹或损坏情况		
	检查前后减震器是否漏油		
	紧固后减震器和后悬架螺栓		

（三）任务实施

各小组制订完计划后，轮值组长在作业开始前，明确安全员、质检员、操作员、监督员、管理员等人员，安排落实好每个小组成员的工作职责，然后严格按照制订的计划进行作业，如发现计划不合理，应及时进行修改、完善。

五、检查评价

对本任务的学习情况进行检查，并将相关内容填写在表 5 – 4 中。

表 5 – 4   检查表

检查项目	检查结果	自评	小组互评	教师点评
是否具有安全意识、质量意识、环保意识、创新意识、工匠精神及良好的职业素养	是□　否□			

检查项目	检查结果	自评	小组互评	教师点评
是否严格遵守安全操作规程	是□ 否□			
是否能正确描述行驶系统维护重要性、作业内容及技术要求	是□ 否□			
是否规范完成减震器减震力的检查	是□ 否□			
是否规范检查轮胎表面裂纹或损坏情况	是□ 否□			
是否规范完成轮胎胎面沟槽深度的测量	是□ 否□			
是否规范完成轮胎异常磨损的检查	是□ 否□			
是否规范完成轮胎气压测量	是□ 否□			
是否规范完成前后减震器和悬架的检查	是□ 否□			
是否规范完成前后减震器和悬架螺栓紧固	是□ 否□			
工具设备是否整理并放至指定位置	是□ 否□			
实训工位是否打扫干净	是□ 否□			

六、总结反思

1. 完成本任务应了解哪些知识？

2. 完成行驶系统检查与维护作业，应掌握哪些技能要点及注意事项？

续表

3. 完成本任务存在的不足及改进措施。

七、知识拓展

轮胎不正常磨损原因及解决办法

轮胎磨损主要是轮胎与地面间滑动产生的摩擦力造成的。汽车起步、转弯及制动等行驶条件的不断变化，转弯速度过快、起步过急、制动过猛，轮胎的磨损就快。另外，轮胎的磨损还与汽车的行驶速度有关，行驶速度越快，轮胎磨损越严重，路面的质量也会直接影响到轮胎与地面的摩擦力，路面较差时，轮胎与地面滑动加剧，轮胎的磨损加快。

以上情况产生的轮胎磨损，基本上是均匀的，属正常磨损。若轮胎使用不当或前轮定位不准，将产生故障性不正常磨损，常见的不正常磨损有以下几种：

1. 轮胎中央部分的早期磨损

其主要原因是充气量过大。适当提高轮胎的充气量，可以减少轮胎的滚动阻力，节约燃油。但充气量过大时，不但会影响轮胎的减振性能，还会使轮胎变形量过大，与地面的接触面积减小，正常磨损只能由胎面中央部分承担，形成早期磨损。如果在窄轮辋上选用宽轮胎，也会造成中央部分早期磨损。

2. 轮胎两边磨损过大

其主要原因是充气量不足，或长期超负荷行驶。充气量小或负荷重时，轮胎与地面的接触面大，使轮胎的两边与地面接触参加工作而形成早期磨损。

3. 轮胎的一边磨损量过大

其主要原因是前轮定位失准。当前轮的外倾角过大时，轮胎的外边形成早期磨损；外倾角过小或没有时，轮胎的内边形成早期磨损。

4. 轮胎胎面出现锯齿状磨损

其主要原因是前轮定位调整不当或前悬挂位置失常、球头松旷等，使正常滚动的车轮发生滑动或行驶中车轮定位不断变动而形成轮胎锯齿状磨损。

5. 个别轮胎磨损量大

个别车轮的悬挂系统失常、支承件弯曲或个别车轮不平衡都会造成个别轮胎的早期磨损。出现这种情况后，应检查磨损车轮的定位情况、独立悬挂弹簧和减震器的工作情况，同时应缩短车轮换位周期。

6. 轮胎出现斑秃形磨损

在轮胎的个别部位出现斑秃形严重磨损的原因是轮胎平衡性差。当不平衡的车轮高速转动时，个别部位受力大，磨损加快，操纵性能变差。若在行驶中发现某一个特定速度方向有轻微抖动时，就应该对车轮进行平衡，以防出现斑秃形磨损。

为了避免上述这些不正常磨损情况的发生，我们应该注意以下事项：

1. 注意轮胎气压

气压是轮胎的命门，过高和过低都会缩短其使用寿命。气压过低，则胎体变形增大，胎侧容易出现裂口，同时产生屈挠运动，导致过度生热，促使橡胶老化、帘布层疲劳、帘线折断，同时气压过低还会使轮胎接地面积增大而加速胎肩磨损；气压过高，会使轮胎帘线受到过度的伸张变形，胎体弹性下降，使汽车在行驶中受到的负荷增大，如遇冲击会产生内裂和爆破，同时气压过高还会加速胎冠磨损，并使耐轧性能下降。

2. 定期检查前轮定位

前轮定位对轮胎的使用寿命影响较大，而尤以前轮前束和前轮外倾为主要因素。前轮外倾主要会加速胎肩的磨损，即偏磨；前轮前束过小或过大，主要会加速轮胎内外侧的磨损。

3. 注意自己的驾驶方式

驾驶员在行车中除了处理一些情况外，还要选择好的路面行驶，躲避锋利的石头、玻璃、金属等可能扎破和划伤轮胎的物体，躲避化学易洒物质对轮胎的粘附、腐蚀。行驶在拱度较大的路面时，要尽量居中行驶，减少一侧轮胎负荷增大而使轮胎磨损不均。一般情况下，超载 20%，则轮胎寿命减少 30%；超载 40%，则轮胎寿命减少 50%。另外，急速转弯、紧急制动、高速起步以及急加速等都将对轮胎产生影响，故驾驶员在行车中要加以避免。

任务2　传动系统检查与维护

 学习目标

知识微课

1. 自觉遵守安全生产法律法规，严格执行安全生产规程，预防安全生产事故发生。

2. 了解汽车传动系统的功用及出现故障后的影响，以及进行维护的重要性和目的。

3. 能正确描述传动系统维护作业项目内容、技术要求和作业规范。

4. 能正确、规范地利用工具设备对传动系统进行维护作业。

一、任务描述

传动系统是汽车发动机与驱动轮之间的动力传递装置，传动系统工作的好坏将直接影响汽车的安全性、操控性、舒适性和经济性等各种关键性能，甚至会影响车辆能否正常行驶，如图 5 - 11 所示。本工作任务主要是检查传动系统是否正常，并能熟练运用量具、工具检查调整离合器自由行程、踏板高度，会检查手动变速器、自动变速器液位及泄漏部位，会检查驱动轴护套的状况，确保汽车传动系统工作正常。

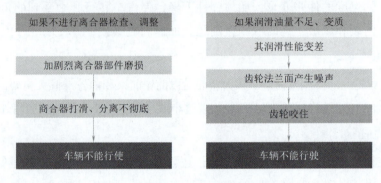

图 5 - 11　传动系统对车辆使用的影响

二、任务解析

传动系统检查与维护主要是对维修手册、保养手册规定的传动系统维护作业项目，依据相应的技术要求进行维护作业，工作思路如下。

（1）根据车型、保养手册、维修手册或者相应的技术规范，明确作业项目，准备相关工具。

（2）检查离合器踏板性能。

（3）检查离合器踏板高度。

（4）检查离合器自由行程。

（5）检查离合器磨损、离合器噪声和离合器变重情况。

（6）手动传动桥泄漏与油位的检查。

.（7）自动传动桥泄漏与油位及油冷却软管的检查。

（8）驱动轴护套的检查。

（9）紧固传动轴螺栓。

（10）竣工检查和工作现场"5S"。

三、相关知识

（一）维护作业项目内容及技术要求

传动系统检查、维护项目及技术要求见表 5－5。

表 5－5　传动系统检查、维护项目及技术要求

序号	项目	技术要求	备注
1	检查离合器踏板性能	踩下离合器踏板时，检查正常	如果不正常应查明相关原因
2	检查离合器踏板高度	离合器踏板高度应在规定范围内	如果不在规定范围应进行调整
3	检查离合器自由行程	离合器自由行程应在规定范围内	如果不在规定范围应进行调整
4	检查离合器磨损、离合器噪声、离合器变重情况	离合器分离彻底，接合平稳，无异常噪声	未达到技术要求应查明原因
5	手动传动桥泄漏与油位的检查	壳接触面、轴和拉索伸出的区域、油封、排放塞和加注塞无漏油，油位达到要求	未达到技术要求应查明原因，油位不在标准范围内应进行加注
6	自动传动桥泄漏与油位、油冷却软管损坏的检查	壳接触面、轴和拉索伸出的区域、油封、排放塞和加注塞无漏油，油位达到要求，油冷却软管无裂纹、隆起或者损坏	未达到技术要求应查明原因，油位不在标准范围内应进行加注，油冷却软管未达到技术要求应进行更换
7	驱动轴护套的检查	无裂纹和其他损坏，无油脂渗漏	未达到技术要求应进行更换
8	传动轴螺栓的紧固	传动轴安装正常，螺栓无松动	按规定力矩紧固

（二）维护作业规范及要点

1. 做好安全防护措施（见图 5－12）

（1）作业前必须先拉起驻车制动器和安装车轮挡块。

（2）车辆举升应安全、稳固。

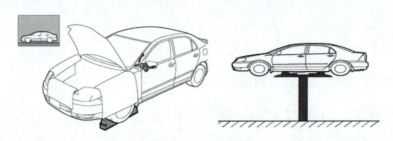

图 5 – 12　安全防护示意图

2. 检查离合器（见图 5 – 13 和图 5 – 14）

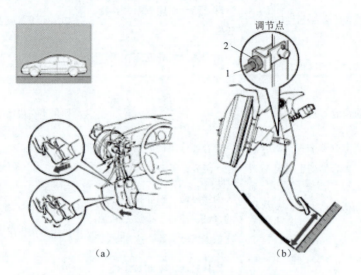

（a）   （b）

图 5 – 13　离合器踏板性能和高度检查示意图

1—推杆；2—锁止螺母

1）检查离合器踏板性能

踩下离合器踏板时，应检查以下几项：

（1）踏板的回弹无力。

（2）异常噪声。

（3）过度松动。

（4）感觉踏板沉重。

2）检查离合器踏板高度

使用一把钢板尺检查离合器踏板高度是否处于标准值以内，如果不在标准范围，应调整踏板高度。调整方法如下：

（1）松开限位螺栓锁止螺母。

（2）转动限位螺栓直到踏板高度正确。

（3）紧固限位螺栓锁止螺母。

提示：测量从地面到离合器踏板上表面的距离。如果必须从地毯表面开始测量，则从标准值中扣除地毯的厚度，或者地毯和沥青纸毡的厚度。

3）检查离合器自由行程

将钢板尺一端抵至驾驶室的地板上，另一端靠近踏板，与踏板的上下移动方向平行，当踏板处于放松位置时，紧贴踏板中部边缘，在钢板尺上画上记号，然后用手向下推压踏板至感到有阻力为止，并在钢板尺上再画上记号，两个记号之间的数值之差即为离合器自由行程。如数值不符合要求，则应进行调整。

4）离合器自由行程的调整

（1）松开限位螺栓锁止螺母。

（2）转动调整螺栓直到踏板高度正确。

（3）紧固限位螺栓锁止螺母。

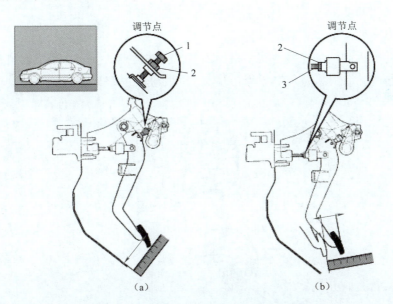

图 5－14　离合器自由行程检查及调整示意图

1—调整螺母；2—锁止螺母；3—推杆

5）检查离合器磨损、离合器噪声、离合器变重情况（见图 5－15）

发动机怠速时，踩下离合器踏板，换到 1 挡或者倒车挡并检查是否有异常噪声和换挡是否平稳，同时检查在踩下踏板时，其踏板力是否可以接受。

3. 变速器、驱动桥的检查与维护

1）手动变速器泄漏与油位的检查（见图 5－16）

（1）油液渗漏。

检查变速器的壳接触面、油封、排放塞和加注塞、轴和拉索伸出的区域是否漏油。

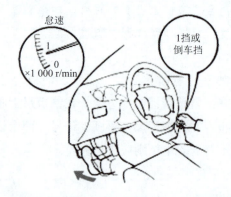

图 5－15　检查离合器磨损、离合器噪声、离合器变重情况示意图

提示：如果发现有漏油现象，可以先用纱布把漏油表面擦干净，然后过一段时间再来检查确认是否漏油。

（2）油位。

从变速器上拆卸油加注塞，将手指插入塞孔，并检查油与手指接触的位置。

提示：检查油位时，另一只手拿一块布，以防止变速器油滴落。

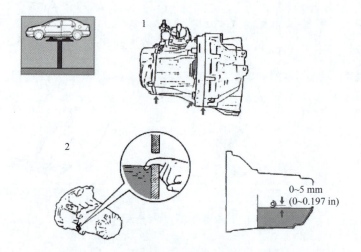

图 5－16　手动变速器泄漏与油位的检查示意图

2）自动变速器泄漏与油位的检查（见图 5－17）

提示：检查时一般都要求自动变速器在热态（油温 50～80 ℃），发动机怠速运转，将自动变速器的选挡杆在各挡杆位轮换停留短时，使油液充沛变速器和油缸，油面以达到油尺上规定的上限刻度附近为准。

（1）油液渗漏。确保没有液体从壳接触面、油封、管道和软管接头、排放塞和加注塞等区域的任何部分渗漏。

提示：如果发现有漏油现象，则可以先用纱布把漏油表面擦干净，然后过一段时间再来检查确认是否漏油。

（2）油冷却软管损坏。检查油冷却软管是否有裂纹、隆起或者损坏。

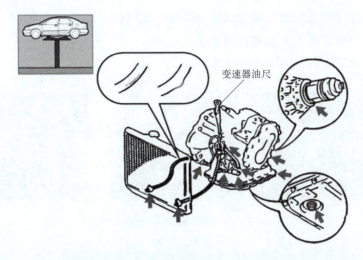

变速器油尺

图 5 – 17　自动变速器泄漏与油位的检查示意图

3）驱动轴护套的检查（见图 5 – 18）

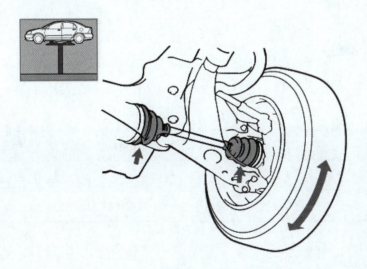

图 5 – 18　驱动轴护套的检查示意图

（1）裂纹和其他损坏。

手动转动轮胎，以便它们被完全转向一侧，然后检查驱动轴护套的整个外围是否有任何裂纹或者其他损坏。

检查护套卡箍，确保其已经正确安装并且没有损坏。

（2）油脂渗漏。

检查护套是否有任何油脂渗漏。

4. 紧固传动轴螺栓（仅适用于 4WD 车型，如图 5 – 19 所示）

（1）紧固传动轴总成或电磁控制联轴器分总成螺栓。

（2）紧固中间支承轴承垫圈螺栓。

（3）紧固十字槽式万向节固定螺栓。

图 5 – 19　紧固传动轴螺栓示意图

提示：如用梅花扳手检查到螺栓有松动，则检查传动轴安装情况，并用力矩板手紧固到规定力矩。

四、任务实施

（一）操作准备

准备维护操作所需的物料，见表 5 – 6。

表 5 – 6　物料准备

类别	所需物料
教学车辆/实训平台	实训车辆
设备、仪器、工具	车轮挡块、车辆内外三件套、常用维修工具、维修手册

（二）制订计划

制订传动系统检查与维护计划。

依据传动系统检查与维护相关知识及车辆维修手册、保养手册，制订传动系统检查与维护作业计划，并将维护项目、所需工具设备、安全注意事项、技术要求等相关信息填写在表 5 – 7 中。

表 5-7　传动系统检查与维护

序号	维护项目	安全防护要点	技术要求
	检查离合器踏板高度		
	检查离合器自由行程		
	手动传动桥泄漏与油位的检查		
	自动传动桥泄漏与油位油冷却软管损坏的检查		

（三）任务实施

各小组制订完计划后，轮值组长在作业开始前，明确安全员、质检员、操作员、监督员、管理员等人员，安排落实好每个小组成员的工作职责，然后严格按照制订的计划进行作业，如发现计划不合理，应及时进行修改、完善。

五、检查评价

对本任务的学习情况进行检查，并将相关内容填写在表 5-8 中。

表 5-8　检查表

检查项目	检查结果	自评	小组互评	教师点评
是否具有安全意识、质量意识、环保意识、创新意识、工匠精神及良好的职业素养	是□　否□			
是否严格遵守安全操作规程	是□　否□			
是否能正确描述传动系统维护重要性、作业内容及技术要求	是□　否□			

检查项目	检查结果	自评	小组互评	教师点评
是否规范完成离合器踏板性能的检查	是□ 否□			
是否规范检查离合器踏板高度	是□ 否□			
是否规范完成离合器自由行程的测量	是□ 否□			
是否规范完成离合器磨损、离合器噪声、离合器变重情况的检查	是□ 否□			
是否规范完成手动传动桥泄漏与油位的检查	是□ 否□			
是否规范完成自动传动桥泄漏与油位油冷却软管损坏的检查	是□ 否□			
是否规范完成驱动轴护套的检查	是□ 否□			
是否规范完成传动轴螺栓的紧固	是□ 否□			
工具设备是否整理并放至指定位置	是□ 否□			
实训工位是否打扫干净	是□ 否□			

六、总结反思

1. 完成本任务应了解哪些知识？

2. 完成传动系统检查与维护作业，应掌握哪些技能要点及注意事项？

续表

3. 完成本任务存在的不足及改进措施。

七、知识拓展

双离合变速箱

双离合变速箱简称 DCT，英文全称为 Dual Clutch Transmission，因为其有两组离合器，所以有人称其为"双离合变速器"。

1. 起源

双离合变速箱起源于赛车运动，它最早的实际应用是在 20 世纪 80 年代初的保时捷 Porsche 962C 和 1985 年的奥迪 Audi Sport Quattro S1 RC 赛车上，但是因为耐久性等问题，经过了十余年的改进后，才真正被普通量产车所应用。时至今日，DSG 这项技术已经有几十年的历史，在技术方面已经非常成熟了。

2. 技术描述

双离合变速箱结合了手动变速箱和自动变速箱的优点，没有使用变矩器，转而采用两套离合器，通过两套离合器的相互交替工作，来到达无间隙换挡的效果。两组离合器分别控制奇数挡与偶数挡，具体说来就是在换挡之前，DSG 已经预先将下一挡位齿轮啮合，在得到换挡指令之后，DSG 迅速向发动机发出指令，发动机转速升高，此时先前啮合的齿轮迅速接合，同时第一组离合器完全放开，完成一次升挡动作，后面的动作以此类推。

因为没有了液力变矩器，所以发动机的动力可以完全发挥出来，同时两组离合器相互交替工作，使得换挡时间极短，发动机的动力断层也就非常有限。作为驾驶者，我们最直接的感觉就是，切换挡动作极其迅速而且平顺，动力传输过程几乎没有间断，车辆动力性能可以得到完全的发挥。与采用液力变矩器的传统自动变速器比较起来，由于 DSG 的换挡更直接、动力损失更小，所以其燃油消耗可以降低 10% 以上。

3. 不足之处

与传统的自动变速器比起来，DSG 也存在一些固有的弊端，首先就是由于没有采用液力变矩器，又不能实现手动变速器"半联动"的动作，所以对于小排量的发动机而言，低转速下扭矩不足的特性就会被完全暴露出来；其次，由于 DSG 变速器采用电脑控制，属于一款智能型变速器，故它在升/降挡的过程中需要向发动机发出电子信号，

经发动机回复后，与发动机配合才能完成升/降挡。大量电子元件的使用，也增加了其故障出现的概率。

目前常见的双离合变速器主要有大众的 DSG、福特的 Powershift、三菱的 SST 以及保时捷的 PDK 等。

任务3　转向系统检查与维护

知识微课

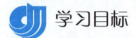 学习目标

1. 理解转向系统维护的重要性。
2. 进行转向系统维护时，会做相关安全防护措施。
3. 会描述转向系统维护项目及技术要求、作业规范。
4. 会对转向系统进行维护、保养。

一、任务描述

转向系统是用来改变或保持汽车行驶或倒退方向的装置，对汽车的行驶安全至关重要。转向系统工作的好坏，直接影响车辆能否正常行驶，甚至会影响汽车使用的安全性，如图 5-20 所示。本工作任务主要是检查转向系统是否正常，并能熟练运用量具测量转向盘的自由行程，会检查转向盘的松动和摆动，会对转向传动机构和转向器进行检查、维护，确保汽车转向系统工作正常。

图 5-20　传动系统对车辆使用的影响

二、任务解析

转向系统检查与维护主要是对维修手册、保养手册规定的转向系统维护作业项目，依据相应的技术要求进行维护作业，工作思路如下。

（1）根据车型、保养手册、维修手册或者相应的技术规范，明确作业项目，准备相关工具。

（2）检查动力转向液的液位及与储液罐相连的软管。

（3）检查转向盘自由行程。

（4）检查转向盘松动和摆动。

（5）检查转向传动机构球节。

（6）检查转向传动机构。

（7）竣工检查和工作现场"5S"。

三、相关知识

（一）维护作业项目内容及技术要求

转向系统检查、维护项目及技术要求见表5-9。

表5-9　转向系统检查、维护项目及技术要求

序号	项目	技术要求	备注
1	检查储液罐中动力转向液的液位是否处于规定的范围内、液体是否起泡或者乳化	发动机运行和停止时的液位偏差是否在 5 mm 以内，液体无起泡或者乳化	液位不在标准范围内应进行加注，液体起泡或者乳化应进行更换
2	检查与储液罐相连的软管是否渗漏	相连的软管无渗漏	
3	测量转向盘自由行程	转向盘自由行程在标准值规定范围内	车型不同，其转向盘自由行程标准值可能不一样，具体见维修手册
4	检查转向盘是否松弛和摆动	水平垂直握住转向盘，无松动现象	如有松动现象须查明原因
5	检查 ACC 位置转向盘是否可自由移动	点火开关在 ACC 位置时，转向盘可以自由移动	
6	检查转向球节上下滑动间隙	垂直游隙在可控范围内	如果不在规定范围应进行更换

序号	项目	技术要求	备注
7	检查球节防尘罩是否有裂纹、撕裂或者其他损坏	防尘罩无裂纹、撕裂或者其他损坏	
8	检查转向连接机构检查是否松动或者摆动	转向连接机构无松动或者摆动	
9	检查转向连接机构是否弯曲或者损坏，防尘罩是否有裂纹或者破损	转向连接机构无弯曲或者损坏，防尘罩无裂纹或者破损	未达到技术要求应进行更换
10	检查齿轮箱、PS 叶轮泵、管路和连接点动力转向液是否渗漏	齿轮箱、PS 叶轮泵、管路和连接点动力转向液无渗漏	未达到技术要求应查明原因

（二）维护作业规范及要点

1. 做好安全防护措施（见图 5 - 21）

（1）作业前必须先拉起驻车制动器和安装车轮挡块。

（2）车辆举升应安全、稳固。

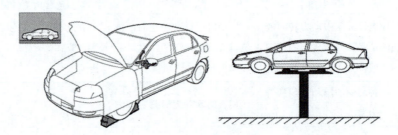

图 5 - 21　安全防护示意图

2. 检查动力转向液液位及液体渗漏（见图 5 - 22）

1）液位

（1）发动机怠速时，在保持汽车原地不动时转动转向盘数次，以便使转向液温度上升到 40 ℃ 和 80 ℃（104 ℉ 和 176 ℉）后再回退转向盘到中间位置。

（2）停止发动机。

（3）检查储液罐中的液位是否处于规定的范围内。

（4）检查发动机运行和停止时的液位偏差是否在 5 mm 以内，此时检查液体是否起泡或者乳化。

注意：不要使转向盘完全停留在任何一侧超过 10 s。

2）液体渗漏

检查与储液罐相连的软管是否渗漏。

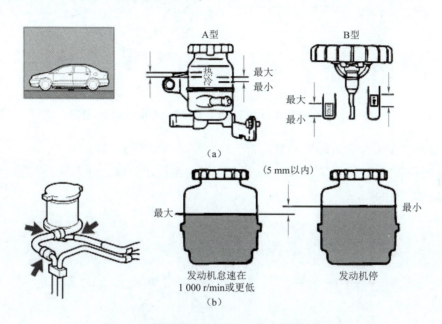

图 5 – 22　动力转向液液位及液体渗漏检查示意图

3. 检查转向盘（见图 5 – 23）

1）测量转向盘自由行程

轻轻移动转向盘，在车轮就要开始移动时用直尺或游标卡尺测量转向盘的移动量，该移动量就是转向盘的自由行程。

提示：在配备动力转向系统的车辆上，测量前需起动发动机，使车辆笔直向前，测量人员可以伸出头来观察轮胎是否转动。

2）检查转向盘松弛和摆动

用双手握住转向盘，轴向、垂直或者向两侧检查其松动情况，测量转向盘左右转动的最大距离。

提示：在一个配备倾斜转向或者伸缩转向系统的车上，在转向盘整个移动范围内检查松动情况。

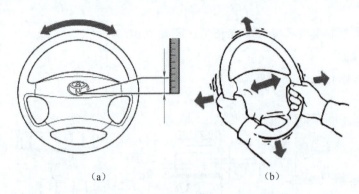

图 5 – 23 测量转向盘自由行程及检查转向盘松弛和摆动示意图

3）检查"ACC"位置时转向盘是否能自由移动（见图 5 – 24）

将点火开关转到"ACC"位置，转向盘可以自由移动，取下点火开关钥匙，转向盘锁止，应不能自由移动。

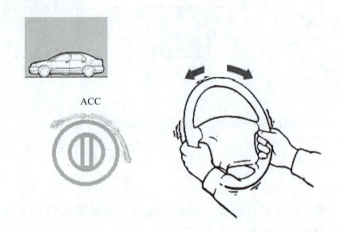

图 5 – 24 检查"ACC"位置时转向盘可否自由移动示意图

4. 检查转向球节（见图 5 – 25）

1）球节的上下滑动间隙

踩下制动踏板后，在球节上施加载荷，以便检查其上下滑动间隙。

（1）使用制动踏板压力器保持制动踏板被踩下。

（2）前轮垂直向前，举起车辆并且在一个前轮下放一个高度为 180 ~ 200 cm（7. 09 ~ 7. 87 in）的木块。

（3）放低举升器直到前螺旋弹簧承载一半的负荷。

（4）再次确认前轮笔直向前。

（5）在下臂的末端使用一个工具检查球节的上下滑动间隙。

提示： 通过放低举升器直到车轮行程一半时达到该状态。

2）球节防尘罩损坏

检查球节防尘罩是否有裂纹、撕裂或者其他损坏。

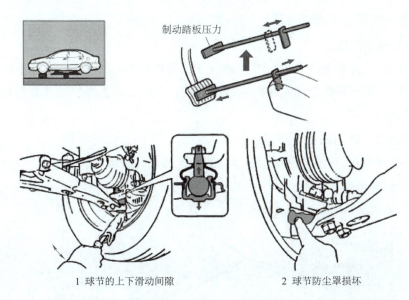

1 球节的上下滑动间隙　　　　2 球节防尘罩损坏

图 5 – 25　检查转向球节示意图

5. 检查转向连接机构（见图 5 – 26）

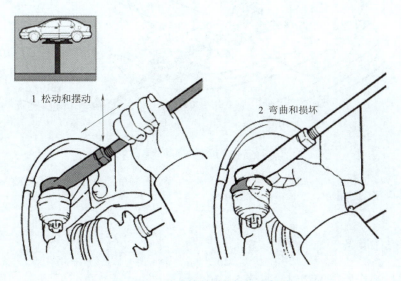

图 5 – 26　检查转向连接机构示意图

1）松动和摆动

用手摇晃转向连接机构，检查其是否松动或者摆动。

2）弯曲和损坏

检查转向连接机构是否弯曲或者损坏。

检查防尘罩是否有裂纹或者破损。

6. 检查转向器（见图 5 − 27）

机油和润滑脂渗漏。

检查齿轮箱是否有润滑脂或者机油渗漏（或者浸润）；如果是齿条和小齿轮型转向器，转动轮胎，以便转向盘向左和向右转，检查齿条护套是否有裂纹或者破损。

1）液体渗漏

（1）检查动力转向液是否渗漏。

（2）检查齿轮箱、PS 叶轮泵、液体管路和连接点是否渗漏。

2）裂纹和其他损坏

检查 PS 软管是否有裂纹和其他损坏。

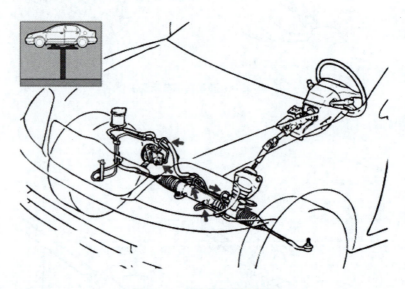

图 5 − 27　检查转向器示意图

四、任务实施

（一）操作准备

准备维护操作所需的物料，见表 5 − 10。

表 5 – 10　物料准备

类别	所需物料
教学车辆/实训平台	实训车辆
设备、仪器、工具	车轮挡块、车辆内外三件套、常用维修工具、维修手册

（二）制订计划

制订转向系统检查与维护计划。

依据转向系统检查与维护相关知识及车辆维修手册、保养手册，制订转向系统检查与维护作业计划，并将维护项目、所需工具设备、安全注意事项、技术要求等相关信息填写在表 5 – 11 中。

表 5 – 11　转向系统检查与维护

序号	维护项目	安全防护要点	技术要求
	测量转向盘自由行程		
	检查 ACC 位置转向盘可否自由移动		

（三）任务实施

各小组制订完计划后，轮值组长在作业开始前，明确安全员、质检员、操作员、监督员、管理员等人员，安排落实好每个小组成员的工作职责，然后严格按照制订的计划

进行作业，如发现计划不合理，应及时进行修改、完善。

五、检查评价

对本任务的学习情况进行检查，并将相关内容填写在表 5 – 12 中。

表 5 – 12　检查表

检查项目	检查结果	自评	小组互评	教师点评
是否具有安全意识、质量意识、环保意识、创新意识、工匠精神及良好的职业素养	是□　否□			
是否严格遵守安全操作规程	是□　否□			
是否能正确描述转向系统维护重要性、作业内容及技术要求	是□　否□			
是否规范完成储液罐中动力转向液的检查	是□　否□			
是否规范完成与储液罐相连的软管渗漏的检查	是□　否□			
是否规范完成转向盘自由行程的测量	是□　否□			
是否规范完成转向盘松弛和摆动的检查	是□　否□			
是否规范完成"ACC"位置转向盘可否自由移动的检查	是□　否□			
是否规范完成转向球节上下滑动间隙的检查	是□　否□			
是否规范检查球节防尘罩裂纹、撕裂或者其他损坏	是□　否□			
是否规范检查转向连接机构松动或者摆动	是□　否□			
是否规范检查转向连接机构弯曲或者损坏、防尘罩有裂纹或者破损	是□　否□			

续表

检查项目	检查结果	自评	小组互评	教师点评
是否规范检查齿轮箱、PS 叶轮泵、管路和连接点动力转向液渗漏	是□ 否□			
工具设备是否整理并放至指定位置	是□ 否□			
实训工位是否打扫干净	是□ 否□			

六、总结反思

1. 完成本任务应了解哪些知识？

2. 完成转向系统检查与维护作业，应掌握哪些技能要点及注意事项？

3. 完成本任务存在的不足及改进措施。

七、知识拓展

整体主动转向

整体主动转向的原理是利用集中在控制系统，接收到的车辆的各种动态行驶信号，综合判断输出一个相适的转向角度，驱动螺母带动丝杠产生轴向移动，使后轮产生小幅度的转向，后轮与前轮同向偏转，提升高速过弯的稳定性。

对于大型豪华车来说，不断加长的轴距为车内带来了良好、舒适的乘坐空间，但是这也对车辆的操控性带来了一定的负面影响。无论是低速时的转弯半径，还是高速行驶

时的稳定性都会打折扣。通过加入后轮转向系统，则可以弥补轴距增加后对车辆行驶特性造成的影响，同时让一款豪华车同样具有很好的驾驶乐趣。这套主动式后轮转向系统的原理也并不复杂，就是一套丝杠螺母机构，即由电动机驱动螺母带动丝杠产生轴向移动，这种轴向移动会带动后轮产生小幅度的转向，当车速在 60 km/h 以上时，后轮与前轮同向偏转，以提升高速过弯的稳定性；在 60 km/h 以下时，则反向偏转，以增加车辆的灵活性。

这套主动式后轮转向系统的技术含量主要还是集中在控制系统上，工作时，它需要接收车辆的各种动态行驶信号，然后综合判断输出一个相适应的转向角度，任何计算的失误都有可能导致车辆失去控制，特别是在车辆高速行驶时。

任务4　制动系统检查与维护

知识微课

 学习目标

1. 理解制动系统维护的重要性。
2. 进行制动系统维护时，会做相关安全防护措施。
3. 会描述制动系统维护项目及技术要求、作业规范。
4. 会对制动系统进行维护、保养。

一、任务描述

制动系统用于车辆的减速、停止、驻车，对汽车的行驶安全至关重要。制动系统工作的好坏，直接影响车辆能否正常使用，如不对制动系统进行检查、维护，将会导致事故的发生，如图 5-28 所示。本工作任务主要是检查制动系统是否正常，并能熟练拆卸制动盘、制动鼓，运用量具测量制动盘厚度、制动摩擦片厚度，会更换制动摩擦片，并能够熟练地拆装

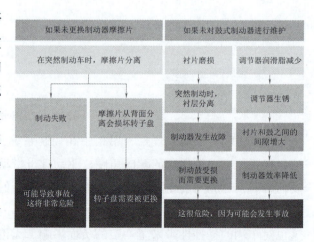

图 5-28　制动系统对车辆使用的影响

车轮，确保汽车制动系统工作正常。

二、任务解析

制动系统检查与维护主要是对维修手册、保养手册规定的行驶系统维护作业项目，依据相应的技术要求进行维护作业，工作思路如下。

（1）根据车型、保养手册、维修手册或者相应的技术规范，明确作业项目，准备相关工具。

（2）制动液液位的检查。

（3）驻车制动性能的检查与调整。

（4）制动踏板的检查。

（5）真空助理器性能的检查。

（6）制动管线的检查。

（7）车轮轴承的检查。

（8）盘式制动器的检查与维护。

（9）鼓式制动器的检查与维护。

（10）竣工检查和工作现场"5S"。

三、相关知识

（一）维护作业项目内容及技术要求

制动系统检查、维护项目及技术要求见表5-13。

表5-13　制动系统检查、维护项目及技术要求

序号	项目	技术要求	备注
1	检查制动液液位	储液罐中的液位在最高线和最低线之间	不在标准范围内应添加或减少
2	驻车制动性能的检查与调整	标准值范围内，拉起驻车制动杆时指示灯点亮，放开驻车制动杆时指示灯熄灭	不在标准范围内应进行调整
3	测量制动踏板高度、自由行程、行程余量	标准值范围内	不在标准范围内应进行调整
4	检查真空助力器工作情况及真空功能	踏板高度无变化	未达到技术要求应查明原因

续表

序号	项目	技术要求	备注
5	检查制动管路上的压痕或其他损坏，软管扭曲、裂纹、凸起，制动器管道和软管的安装状况	无压痕或其他损坏，软管无扭曲、裂纹和凸起，管道和软管的安装状况正常	不正常应重新安装或更换
6	检查车轮轴承有无摆动，检查转动状况和噪声	车轮轴承无摆动，转动无噪声	不正常应重新安装或更换
7	拆卸车轮	按标准方法拆卸	
8	检查制动卡钳处有无制动液泄漏，制动盘有无磨损和损坏；测量制动盘、摩擦片厚度	标准值范围内	不在标准范围内应更换
9	检查制动分泵有无制动液泄漏、磨损和损坏；测量制动鼓和摩擦片厚度	标准值范围内	不在标准范围内应更换

（二）维护作业规范及要点

1. 做好安全防护措施（见图 5 - 29）

（1）作业前必须先拉起驻车制动器和安装车轮挡块。

（2）车辆举升应安全、稳固。

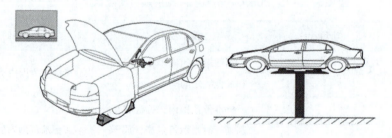

图 5 - 29　安全防护示意图

2. 检查制动液液位（见图 5 - 30）

（1）检查制动总泵储液罐中的液位是否在最高线和最低线之间。

提示：如果制动衬片或者制动器摩擦片磨损，制动液液位就会下降。

（2）如果制动液液位明显偏低，则需要检查制动系统是否渗漏。

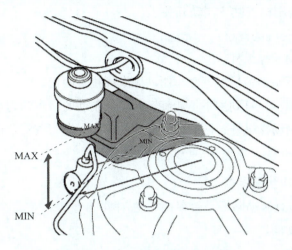

图 5 – 30　检查制动液液位示意图

注意：如果制动液溅出或者粘在油漆上，则立即用水漂洗，否则制动液将损坏油漆表面。

3. 驻车制动性能的检查与调整（见图 5 – 31）

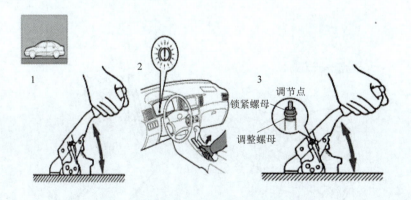

图 5 – 31　驻车制动性能的检查与调整示意图

1）检查驻车制动性能

用手拉动驻车制动杆。驻车制动应该在规定的齿数内锁紧（拉动时可以听到"咔嗒"声），一般为 6 ~ 10 响。如果制动杆的齿数不符合要求，则应调整驻车制动杆的行程。

2）驻车制动开关的测试

在点火开关位于"ON"位置，拉起驻车制动杆时，指示灯点亮；放开驻车制动杆时，指示灯熄灭。否则检查驻车制动开关。

3）驻车制动杆行程的调整

（1）松开驻车制动操纵杆。

（2）用力踩一下制动踏板，把驻车制动操纵杆拉紧两齿。

（3）旋紧调整螺母，直到用手不能旋转两个被制动的后车轮为止。

（4）松开驻车制动操纵杆，两后车轮能旋转自如，即为调整合适。

4. 制动踏板的检查（见图5-32~图5-34）

1）制动踏板工作状况检查

踩制动踏板，检查制动踏板是否存在下述故障：

（1）反应灵敏度低。

（2）踏板不完全落下。

（3）异常噪声。

（4）过度松动。

2）制动踏板高度检查

使用一把直尺测量制动踏板，如果超出规定范围，则应调整制动踏板高度。

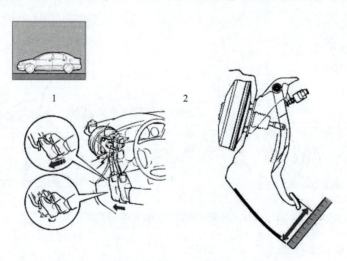

图5-32　制动踏板工作状况及高度的检查示意图

3）制动踏板高度的调整

（1）松开锁止螺。

（2）转动踏板推杆直到踏板高度正确。

（3）上紧锁止螺母。

（4）调整好踏板高度之后，检查踏板的自由行程。

4）制动踏板自由行程的检查与调整

停止发动机，连续踩下几脚制动踏板，以解除制动助力，然后用手指轻轻按压制动踏板，并使用一把直尺测量制动踏板自由行程，其值应不大于45 mm。对于配备了液压制动助力器的车辆，至少要踩下制动踏板40次。如果不符合规定，则可以松开制动主缸助力器推力杆上的螺母，通过旋动叉头来调整推力杆长度，从而调整制动踏板的自由行程。

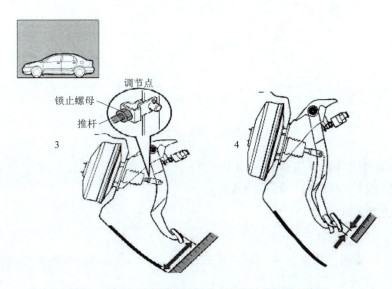

图5-33　制动踏板高度及自由行程检查调整示意图

5）踏板行程余量的检查

使发动机运转，松开驻车制动器，用490 N的力踩下制动踏板，然后使用一把直尺测量踏板行程余量，检查其是否处于规定的范围内，一般轿车的踏板有效行程为135 mm，总行程不小于180 mm。

5. 真空助力器性能的检查

1）真空助力器工作性能检查（见图5-35）

（1）发动机停机。

（2）连续踩制动踏板数次，要求制动踏板高度应无变化，且无异响。

（3）踩住制动踏板，起动发动机，制动踏板应继续下沉。

图5-34　踏板行程余量检查示意图

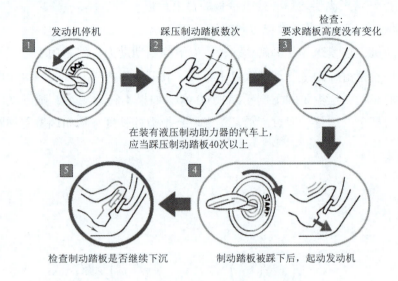

图 5 – 35　真空助力器工作性能检查示意图

2）真空助力器气密性检查（见图 5 – 36）

检查是否维持了制动助力器中的真空。

（1）起动发动机。

（2）让发动机运转 1 ~ 2 min 后停机。

（3）踩压制动踏板数次，检查制动踏板在每次踩压时是否返回距离越来越大。

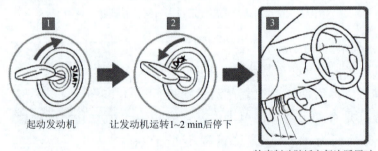

图 5 – 36　真空助力器气密性检查示意图

3）真空助力器真空检查（见图 5 – 37）

检查制动助力器室中的真空压力是否泄漏。

（1）起动发动机。

（2）踩下制动踏板，停机。

（3）保持 30 s 后检查制动踏板高度是否有变化。

170

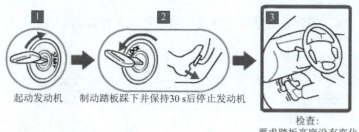

起动发动机　　制动踏板踩下并保持30 s后停止发动机

检查:
要求踏板高度没有变化

图5－37　真空助力器真空检查示意图

6. 制动管线检查（见图5－38）

1）液体渗漏

检查制动管线是否有制动液渗漏。

2）损坏

检查制动软管与管道是否有裂纹和老化。

3）安装

检查制动软管和管道的安装是否正确。

需要在各软管和管道上安装管箍，且软管和管道不得干扰其他部件。

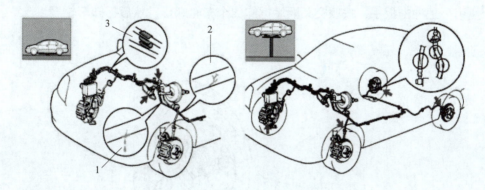

图5－38　制动管线检查示意图

1—液体泄漏；2—损坏；3—安装

7. 车轮轴承检查（见图5－39）

1）摆动

将一只手放在轮胎上面，而另一只手放在轮胎下面，紧紧地推拉轮胎，以便检查是否有任何摆动。

提示： 当出现摆动时，则压下制动踏板再次检查其行程。若没有更大的摆动，则车轮轴承是起因；若仍然摆动，则球节、主销或者悬架是起因。

2）转动状况和噪声

用手转动轮胎以便检查其是否能够无任何噪声地平稳转动。

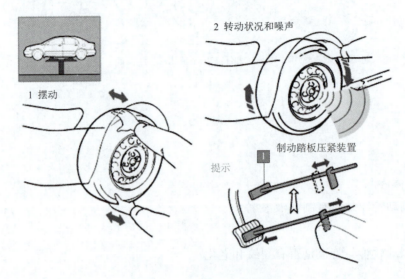

图 5 - 39 车轮轴承检查示意图

8. 拆卸车轮（见图 5 - 40）

使用一把冲击扳手，按照交叉顺序拆卸四个车轮螺母，然后拆卸车轮。

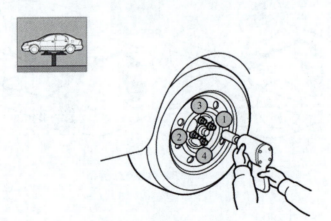

图 5 - 40 拆卸车轮示意图

9. 制动器

1）拆卸制动器

按照由外到里的顺序拆卸盘式或鼓式制动器。

2）检查盘式制动器（见图 5-41）

（1）拆卸制动衬块，用直尺测量前盘式制动衬块的厚度。

（2）制动盘检查，用手检查制动盘表面磨损情况，如磨损严重，则建议研磨制动盘。

（3）检查制动缸和活塞是否存在锈蚀、划伤或漏油。

（4）活动制动分泵销，确认分泵销无卡滞现象。

（5）确保盘式制动衬块支撑片有足够的弹性，没有变形、裂纹或磨损，且已清除所有的锈迹和污物。如有必要，则更换盘式制动衬块支撑片。

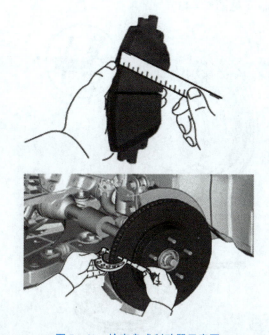

图 5-41　检查盘式制动器示意图

提示：如果盘式制动衬块衬层厚度小于最小值，则更换盘式制动衬块；采用新的盘式制动衬块更换时，必须检查制动盘厚度。

注意：（1）更换磨损的盘式制动衬块时，必须将盘式制动器消声垫片和盘式制动衬块磨损指示片与前盘式制动衬块一起更换，如图 5-42 所示。

（2）不要在制动衬块的衬片表面涂抹盘式制动器润滑脂。

（3）按正确位置和方向安装盘式制动衬块磨损指示片。

（4）按正确位置和方向安装盘式制动器消声垫片。

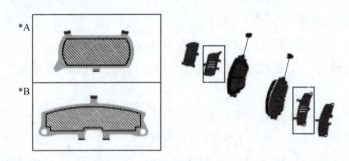

图 5 – 42　消声垫片示意图

3）检查鼓式制动器（见图 5 – 43）

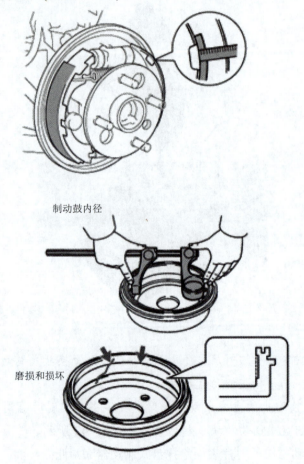

制动鼓内径

磨损和损坏

图 5 – 43　检查鼓式制动器示意图

（1）拆卸制动鼓，以便检查鼓式制动器。

注意：制动鼓被拆下后，不要踩制动踏板。

（2）检查制动蹄片在其上面滑动的背板区域的磨损情况。

（3）手动前后移动制动蹄片，并检查制动蹄片移动是否顺利。

（4）检查制动蹄片与背板和固定件之间的接触面是否磨损。

（5）检查制动蹄片、背板和固定件是否生锈。

（6）使用直尺测量制动蹄片的厚度，如果厚度低于磨损极限，则更换制动蹄片。

（7）使用制动鼓测量规测量制动鼓内径。

（8）检查制动鼓是否有任何磨损和损坏。

4）安装制动器

按照拆卸相反的顺序安装盘式或鼓式制动器。

四、任务实施

（一）操作准备

准备维护操作所需的物料，见表5-14。

表5-14　物料准备

类别	所需物料
教学车辆/实训平台	实训车辆
设备、仪器、工具	车轮挡块、车辆内外三件套、常用维修工具、维修手册

（二）制订计划

制订制动系统检查与维护计划。

依据制动系统检查与维护相关知识及车辆维修手册、保养手册，制订制动系统检查与维护作业计划，并将维护项目、所需工具设备、安全注意事项、技术要求等相关信息填写在表5-15中。

表5-15　制动系统检查与维护

序号	维护项目	安全防护要点	技术要求
	测量制动踏板高度、自由行程、行程余量		

续表

序号	维护项目	安全防护要点	技术要求
	检查制动卡钳处有无制动液泄漏，制动盘是否磨损和损坏；测量制动盘、摩擦片厚度		

（三）任务实施

各小组制订完计划后，轮值组长在作业开始前，明确安全员、质检员、操作员、监督员、管理员等人员，安排落实好每个小组成员的工作职责，然后严格按照制订的计划进行作业，如发现计划不合理，应及时进行修改、完善。

五、检查评价

对本任务的学习情况进行检查，并将相关内容填写在表 5 - 16 中。

表 5 - 16　检查表

检查项目	检查结果	自评	小组互评	教师点评
是否具有安全意识、质量意识、环保意识、创新意识、工匠精神及良好的职业素养	是□　否□			
是否严格遵守安全操作规程	是□　否□			
是否能正确描述制动系统维护重要性、作业内容及技术要求	是□　否□			

续表

检查项目	检查结果	自评	小组互评	教师点评
是否规范完成制动液液位的检查	是□ 否□			
是否规范完成驻车制动性能的检查与调整	是□ 否□			
是否规范完成制动踏板高度、自由行程及行程余量的测量	是□ 否□			
是否规范完成真空助力器工作情况及真空性能的检查	是□ 否□			
是否规范完成制动管路上压痕或其他损坏，软管扭曲、裂纹、凸起，制动器管道和软管安装状况的检查	是□ 否□			
是否规范完成车轮轴承有无摆动、转动状况及噪声的检查	是□ 否□			
是否规范完成车轮的拆卸	是□ 否□			
是否规范检查制动卡钳处有无制动液泄漏，制动盘有无磨损和损坏；测量制动盘、摩擦片厚度	是□ 否□			
是否规范检查动分泵有无制动液泄漏、磨损和损坏；测量制动鼓、摩擦片厚度	是□ 否□			
是否规范安装制动器	是□ 否□			
工具设备是否整理并放至指定位置	是□ 否□			
实训工位是否打扫干净	是□ 否□			

六、总结反思

1. 完成本任务应了解哪些知识?

2. 完成制动系统检查与维护作业，应掌握哪些技能要点及注意事项?

3. 完成本任务存在的不足及改进措施。

七、知识拓展

制动摩擦片常见问题分析

1. 制动摩擦片摩擦系数高低对制动的影响

制动摩擦片的摩擦系数过高或过低都会影响汽车的制动性能，尤其是汽车在高速行驶中需紧急制动时，摩擦系数过低就会出现制动不灵敏，而摩擦系数过高就会出现轮胎抱死现象，进而造成车辆甩尾和打滑，对行车安全构成严重威胁。按照国家标准，制动摩擦片的适宜工作温度为 100～350 ℃。但许多劣质制动摩擦片在温度达到 250 ℃时，其摩擦系数就会急剧下降，此时制动就会完全失灵。一般来说，按照 SAE 标准，制动摩擦片生产厂商都会选用 FF 级额定系数，即摩擦额定系数为 0.35～0.45。

2. 制动摩擦片的寿命与硬度的关系

制动摩擦片的寿命与表面硬度并没有一定的关系。但当表面硬度高时，制动摩擦片与制动盘的实际接触面积小，往往会影响使用寿命。而影响制动摩擦片寿命的主要因素包括硬度、强度、摩擦材料的磨损性等。一般情况下，前制动摩擦片的寿命为 3 万 km，后制动摩擦片的使用寿命为 12 km。

3. 制动时产生抖动现象的原因

制作时发生抖动往往是由于制动摩擦片或制动盘的变形造成的，这与制动摩擦片和制动盘的材质、加工精度及受热变形有关，其主要原因有制动盘厚薄不匀、制动鼓的圆度差、制动摩擦片的磨损不均匀，以及热变形和热斑等。

除此之外，制动卡钳的变形或安装不当，以及制动摩擦片的摩擦系数不稳定也会引起制动时抖动。另外，如果制动摩擦片在制动时产生的振动频率与悬挂系统产生共振，也会产生抖动现象。

4. 涉水后对制动性能的影响

由于涉水后制动摩擦片/蹄与制动盘/鼓之间有一层水膜，减小了摩擦力，故会影响制动效果，而且制动鼓内的水也不容易散出。

对于盘式制动器来说，这种涉水对于制动效果带来的影响会低一些，因为盘式制动器的制动摩擦片接触面积小，而且是暴露在外，不会存留水滴。在车轮转动时由于离心力的作用，制动盘片上的水滴会很快散失，只要涉水后猛踩几脚制动踏板就会去除残留的水层。

但对于鼓式制动器来说，在涉水后必须边走边踩制动踏板，连续几次后即可将制动蹄与制动鼓之间的水分蒸发掉，进而恢复制动效果。

5. 制动时产生噪声的原因

制动时噪声的产生主要是由于悬挂系统相关部件的共振或相互干涉引起的，但也存在由于制动盘的材料使用不当或变形，制动摩擦片的硬度、孔隙率、摩擦特性和压缩特性不合格，制动摩擦片和制动盘受潮生锈（只需制动几次即可恢复），制动摩擦片配方中的金属丝太硬，制动摩擦片磨损程度报警，以及机械式制动摩擦片刮盘等原因引起的噪声或尖叫。

6. 新装的制动摩擦片有制动偏软现象的原因

在更换新的制动摩擦片后可能会出现制动偏软的现象，其可能原因有：制动摩擦片安装不符合标准，制动盘表面有污染而未清洁，制动管路存在故障或制动液不足，制动液压缸内排气不彻底，制动盘过度磨损且表面不平整，以及制动摩擦片质量不合格。

7. 出现制动迟滞现象的原因

出现制动迟滞的现象，可能原因有：制动器回位弹簧失灵，制动摩擦片与制动盘间隙不当或装配尺寸过紧，制动摩擦片热膨胀性能不合格，以及驻车制动回位不良。

8. 制动时冒烟的原因

制动摩擦片中含有 20% 左右的有机物，温度过高时会发生分解并冒烟，并在摩擦片表面形成一层油状物质，影响制动效果。而发生这种现象可能的原因有：在下坡时频

繁制动，导致温度过高而冒烟；制动摩擦片的配方中有机物含量不合格，超标。

9. 制动摩擦片背板脱落的原因

制动摩擦片的背板脱落有两种情况，一是背板与摩擦材料之间产生裂纹；二是摩擦材料自身产生裂纹。可能的原因有：背板的前期处理工艺差，摩擦材料的稳定性差，压制工艺不合格，黏合剂质量差，使用温度过高，不正确的安装、撞击和敲打。

10. 制动摩擦片内槽的作用

制动摩擦片内槽的作用有排放气体、降低噪声并改变产品固有频率、排出磨屑及增强摩擦材料与背板的黏合程度。

项目六

新能源汽车检查与维护

项目简介

新能源汽车产销量近几年快速增长，2023 年 1—8 月，其市场占有率达 29.5%，本项目包括 2 个任务，分别为任务 1　混合动力汽车检查与维护和任务 2　纯电动汽车系统检查与维护，着重介绍了我国当今主流新能源汽车（混合动力汽车和纯电动汽车）维护的重要性及相关安全防护、维护作业项目和技术要求，以及维护作业规范，通过制订计划、任务实施、检查评价等环节，培养学生良好的职业素养、质量意识、安全意识和工匠精神等，丰富学生新能源汽车维护知识并提升其相并实操能力。

任务 1　混合动力汽车检查与维护

 **学习目标**

知识微课

1. 具有良好的职业素养、质量意识、环保意识、安全意识、创新意识、工匠精神。
2. 爱岗敬业、乐业、精业，忠于职守，规范作业。
3. 情绪平和，懂得管控自己的情绪。
4. 了解汽车混合动力系统的功用及出现故障后的影响，以及进行维护的重要性和目的。
5. 能正确描述混合动力系统维护作业项目内容、技术要求和作业规范。
6. 能正确、规范地利用工具设备对混合动力系统进行维护作业。

一、任务描述

常见的混合动力车辆是在传统燃油汽车的基础上增加了动力电池总成、带逆变器的

转换器及混合动力传动桥，如图 6 – 1 所示。动力电池总成、带逆变器的转换器用于存储电能并向混合动力传动桥电机供给电能。车辆行驶一定里程或时间后，动力电池总成、带逆变器的转换器及混合动力传动桥等相关部件和油液技术状态必然会发生改变，从而影响车辆的可靠性和行驶性能，及时进行必要的检查与维护，可确保车辆的安全性、可靠性及操纵性能。

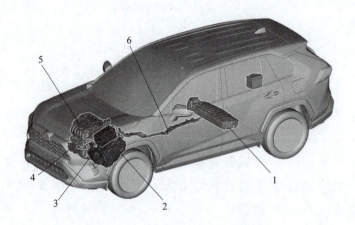

图 6 – 1   混合动力汽车结构示意图

1—动力电池总成；2—混合动力传动桥；3—带逆变器的转换器；

4—空调压缩机；5—发动机；6—高压电缆

二、任务解析

由于混合动力汽车是在传统燃油汽车的基础上增加相关的混合动力装置，因此混合动力汽车的检查与维护作业内容是在传统燃油汽车检查与维护作业的基础上，增加动力电池总成、高压电缆、混合动力传动桥、转换器等的检查、维护项目，维护时依据维修手册中相关的作业步骤、方法、技术要求进行，工作思路如下：

（1）根据维修手册或技术规范，明确作业项目，准备相关工具、配件及物料。

（2）进行检查或维修高压系统前，确保遵守所有安全注意事项。

（3）检查混合动力传动桥，更换混合动力传动桥冷却液或润滑油。

（4）进行动力电池维护。

（5）对与传统燃油汽车维护项目相一致的，参照传统燃油汽车维护作业要求进行。

（6）作业完成和工作现场"5S"。

三、相关知识

（一）安全防护

混合动力汽车配置有动力电池，存在高电压，检查与维护作业时存在触电安全风险，因此，检查、维护混合动力汽车高压系统或高电压部件时，应严格遵循以下安全防护要点：

（1）将电源开关转至"OFF"位置，并将车钥匙锁到工具车里，自己保管好工具车钥匙。

（2）断开辅助蓄电池负极（−）端子电缆。

（3）检查绝缘手套。使用绝缘手套前，确保绝缘手套不存在裂纹、破裂和其他类型的损坏。检查方法如图6−2所示，先将手套侧放，接着向上卷开口2或3次，然后对折开口将其封闭，最好将其放到耳侧，挤压手套，判断是否有空气泄漏。没有空气泄漏的绝缘手套方可使用，否则不能使用。

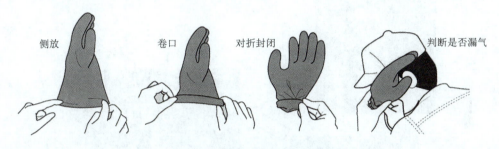

侧放　　　　卷口　　　　对折封闭　　　　判断是否漏气

图6−2　绝缘手套检查示意图

（4）拆下维修塞把手，并将拆下的维修塞把手放到口袋中。广汽丰田威兰达混合动力车维修塞把手位于后排座椅右侧，如图6−3所示，先拆卸下蓄电池间隙孔盖，然后将维修塞把手拉环朝上抬平，向外拉即可拆下维修塞把手。

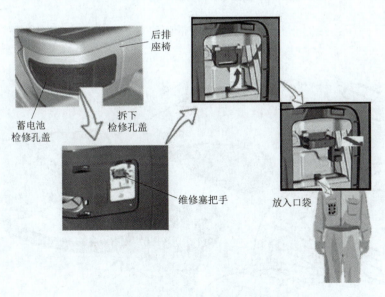

后排座椅

蓄电池检修孔盖

拆下检修孔盖

维修塞把手

放入口袋

图6−3　维修塞把手拆卸示意图

注意： 车型不同，维修塞把手安装位置不同。维护混合动力车辆时，须先查阅相关资料，明确维修塞把手安装位置。

（5）拆下维修塞把手后，等待至少 10 min，以使带逆变器的转换器总成内的高压电容器放电，测量高压电容器的端子电压，确认其电压是否为 0 V，测量方法如图 6 - 4 所示，先拆开连接器盖，然后用万用表 750 V 或更高量程测量高压电容器正端子与负端子之间的电压。

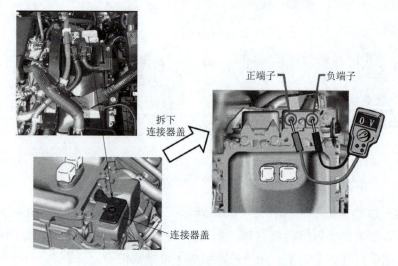

图 6 - 4　高压电容器的端子电压测量示意图

（6）断开高压连接器，并用聚乙烯绝缘带将高压连接器进行绝缘处理，如图 6 - 5 所示。

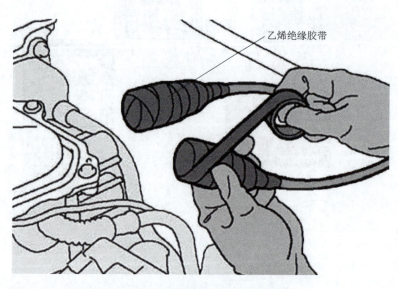

图 6 - 5　高压连接器绝缘处理示意图

（二）混合动力汽车检查与维护作业项目及技术要求

混合动力汽车机械部分及低压电气系统部分的维护作业项目及要求与传统燃油汽车基本一致，此处不再赘述。混合动力汽车检查、维护作业内容及技术要求见表 6-1。

表 6-1　混合动力汽车检查、维护项目及技术要求

序号	项目	技术要求	备注
1	逆变器冷却液	1. 储液罐冷却液液位在规定刻度之间； 2. 冷却液无污物或变质； 3. 冷却系统管路无老化、渗漏现象； 4. 更换冷却液	逆变器冷却液在车辆行驶 240 000 km 后进行首次更换，之后每行驶 80 000 km 更换一次
2	混合动力传动桥	1. 润滑油液位在规定范围内； 2. 定期更换润滑油； 3. 电机接地线部位的接电阻不大于 0.1 Ω； 4. 电机水冷系统管路无老化、无渗漏	混合动力传动桥润滑油在特殊使用条件下，每行驶 40 000 km 或 24 月进行检查，之后每行驶 80 000 km 更换一次
3	动力电池	1. 动力电池处于高性能状态； 2. 滤清器清洁，未阻塞或损坏	车辆每行驶 10 000 km 进行一次检查
4	机械部分及低压电气系统部分	与传统燃油汽车相关维护项目技术要求基本一致	

1. 维护作业规范及要点

注意：维护作业时所使用的零件或油液（冷却液、润滑油）应满足相关标准或厂家维修手册规定要求，使用不满足要求的产品可能会影响车辆使用寿命或导致车辆出现故障。

1）检查变矩器冷却液

采用目视检查方式检查储液罐液位是否在规定刻度之间，并检查冷却液内是否存有污物或变质。

注意：

➢须关闭点火开关后进行检查。

➢当逆变器处于高温时，不要拆下储液罐盖或排液龙头塞，以免因高压、高温的冷却液或蒸汽快速释放而导致严重的烫伤，如图 6-6 所示。

2）更换冷却液

从逆变器储液罐总成上拆下储液罐盖，然后拆下 2 个螺钉和卡扣，拉下 1 号发动机下盖，如图 6-7 所示。将一根内径大小合适（凯美瑞车型为 9 mm）的软管连接到排液龙头上，松开排液开关即可排出冷却液，如图 6-8 所示。

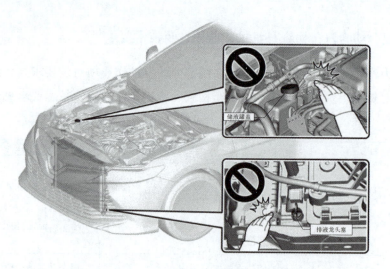

图 6 - 6　冷却系统检查风险示意图

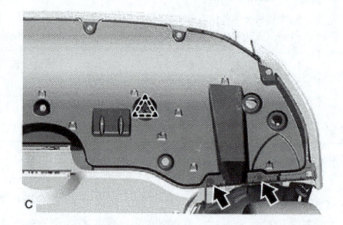

图 6 - 7　1 号发动机下盖拆装示意图

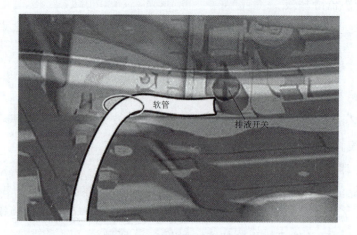

图 6 - 8　冷却液排放示意图

注意：

➤ 不要重复使用排除的冷却液，因为其可能含有异物。

➤ 收集排出的冷却液，并测量冷却液量以建立基准。

➤ 加注冷却液时，确保加注的冷却液量高于测量值。

3）排放冷却液空气

缓慢地将冷却液注入逆变器水箱总成，直达到"FULL"（满）线位置，然后用将诊断仪连接到车辆诊断接口，将电源开关打开，用诊断仪进入混合动力控制系统，执行水泵主动测试，让水泵工作，使冷却液液面始终保持在"FULL"（满）线，以补偿放气时出现的冷却液液位下降，以 1 min 的间隔操作并停止逆变器水泵总成。当逆变器水泵总成产生的噪声变小且逆变器储液罐总成中冷却液的循环状况有所改善时，冷却液系统中的放气操作完成。

提示：如果逆变器水泵总成产生的噪声较大且逆变器储液罐总成中冷却液的循环不流畅，则表明冷却液系统中存在空气。

4）检查混合动力传动桥润滑油

先拆下混合动力传动桥注油塞及垫片检查油位，油位须保持在注油孔开口下唇 0 ~ 10 mm 位置，如图 6 – 9 中 a 所示。

注意：

➤ 须在关闭点火开关后进行检查。

➤ 检查混合动力传动桥油时，确保水平举升车辆。

➤ 当混合动力传动桥处于高温时，不要进行拆装操作，以免因高温而导致烫伤。

图 6 – 9　混合动力传动桥润滑油液位要求示意图

5）更换混合动力桥润滑油

注意：举升车辆时，将车辆固定在举升机上，这样可使车辆在举升时保持水平（确保车辆前后倾斜角度在 ±1° 范围内）。

参照维修手册操作步骤，拆卸前轮框（两侧）加长板及发动机下盖总成，拆下混合动力桥润滑油加注塞及垫片并排油。排放完毕后，加注混合动力传动桥油直至混合动力传动桥油位在注油螺塞开口下唇 0~10 mm 之间，如图 6-10 所示。注油完成后，安装润滑油加注塞；接着降低车辆，将发动机置于检查模式（保养模式），在电源开关转到"ON"（READY）的情况下怠速运转发动机 30 s，将电源开关转到"OFF"；然后再次加注润滑油液，怠速运转发动机 30 s；最后按规定力矩安装润滑油加注塞。

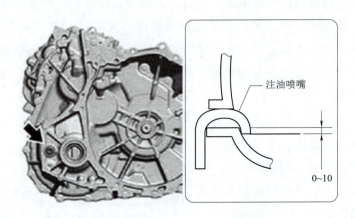

注油喷嘴

0~10

图 6-10　混合动力传动桥注油示意图

注意：

➢ 使用纯正且符合相关要求的润滑油。

➢ 确保完全将注油喷嘴插入注油螺塞开口内。

➢ 确保缓慢加注混合动力传动桥油。如果混合动力传动桥油加注过快，则混合动力传动桥油可能撞到内部部件并溅回，导致混合动力传动桥油从注油螺塞开口流出。

➢ 确保直接检查并确认混合动力传动桥油油位在规定范围内。

➢ 混合动力传动桥油不足或过量可能损坏混合动力车辆传动桥总成。

6）添加混合动力桥润滑油

拆下混合动力桥润滑油加注塞和垫片，加注润滑油直至油位在注油螺塞开口下唇 0~10 mm之间。

加注润滑油后，静置 30 s 使油面再次静止，然后检查并确认油位在注油螺塞开口下唇 0~10 mm 之间，如图 6-10 所示；如果油位低于标示，再次加注，直至符合要求。最后，按规定力矩安装润滑油加注塞。

注意：加注混合动力传动桥油后，确保检查混合动力传动桥油的油位达规定位置。

7）动力电池使用注意事项

为防止动力电池过度放电，对长期停放车辆须进行自充电操作，以保持动力电池处于高性能状态（作业步骤如下）：

（1）打开点火开关，关闭所有用电设备（确保没有施加额外的电气负荷）并保持此状态 3 min。

注意：此操作的目的在于使 ECU 检测到正确的 SOC 值。

（2）起动车辆，如果发动机没有自动起动，可踩下加速踏板进行起动（发动机起动后须松开加速踏板）。

（3）发动机起动后，使其在驻车挡位（P 挡）空转。

（4）发动机自动停机，自充电结束。

提示：➤ 自充电的实际充电量是根据动力电池的 SOC 值决定的，如图 6-11 所示。

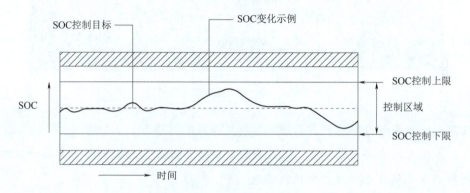

图 6-11　SOC 控制示意图

➤ 一般情况下，驾驶舱的能量监视器在自充电结束后显示电量为 3~4 格，如图 6-12 所示。

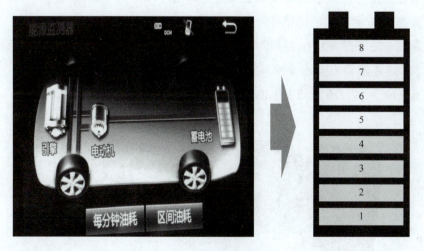

图 6-12　能量监视示意图

8）动力电池滤清器维护

目视检查 HV 蓄电池 1 号进气滤清器是否阻塞或损坏，如图 6 – 13 所示。

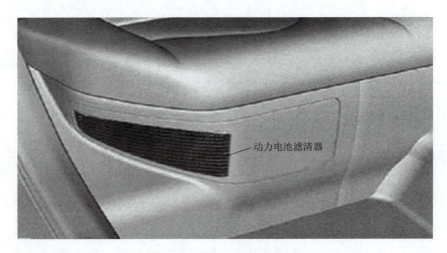

动力电池滤清器

图 6 – 13　动力电池滤清器

注意： ➢ 如果动力电池滤清器损坏，则更换新的滤清器。

➢ 如果动力电池滤清器损坏，则检查蓄电池冷却鼓风机总成内是否有异物。如有必要，则清洁或更换蓄电池冷却鼓风机总成。

➢ 用压缩空气清洁蓄电池冷却鼓风机总成时，确保固定蓄电池冷却鼓风机总成的风扇；如果风扇可以旋转，则将产生电压，这样可能会损坏蓄电池冷却鼓风机总成电路。

提示：

➢ 如果在交通拥堵或尘土过多的区域使用车辆，或频繁使用后座椅，HV 蓄电池 1 号进气滤清器可能堵塞。根据需要清洁或更换动力电池滤清器。

➢ 如果多信息显示屏上未显示"需要保养牵引用蓄电池冷却零件，请参阅《用户手册》"信息，则清洁动力电池滤清器。

如图 6 – 14 所示，清洁动力电池滤清器。

图 6 – 14　动力电池滤清器清洁示意图

注意：

➤ 清洁动力电池滤清器时，不要使用水或其他液体，仅可用压缩空气。

➤ 为防止动力电池滤清器损坏，不要使用钢丝刷或其他工具。

➤ 不要使动力电池滤清器安装在车上时进行清洁。

➤ 使动力电池滤清器距离吹气枪至少 30 mm。

四、任务实施

（一）操作准备

准备维护操作所需的物料见表 6 – 2。

表 6 – 2　物料准备

类别	所需物料
教学车辆/实训平台	混合动力汽车或实训平台
设备 & 工具	灭火器、绝缘手套、绝缘胶鞋、安全警戒线、高压安全警示标牌、高压维修专业工具、维修手册、故障诊断仪等

（二）制订计划

制订混合动力汽车检查与维护计划。

依据混合动力汽车检查与维护相关知识及车辆维修手册、保养手册，制订混合动力汽车检查与维护作业计划，并将维护项目、所需工具设备、安全注意事项、技术要求等相关信息填写在表 6 – 3 中。

表 6 – 3　混合动力汽车检查与维护作业计划

序号	维护项目	安全防护要点	技术要求
	混合动力传动桥润滑检查		
	动力电池滤清器		

续表

序号	维护项目	安全防护要点	技术要求

（三）任务实施

各小组制订完计划后，轮值组长在作业开始前，明确安全员、质检员、操作员、监督员、管理员等人员，安排落实好每个小组成员的工作职责，然后严格按照制订的计划进行作业，如发现计划不合理，应及时进行修改、完善。

五、检查评价

对本任务的学习情况进行检查，并准确填表6-4。

表6-4　混合动力汽车检查与维护作业计划

检查项目	检查结果	自评	小组互评	教师点评
是否具有安全意识、质量意识、环保意识、创新意识、工匠精神及良好的职业素养	是□　否□			
是否严格遵守安全操作规程	是□　否□			
是否能正确描述混合动力汽车维护重要性、作业内容及技术要求	是□　否□			
规范完成混合动力传动桥及逆变器冷却系统检查	是□　否□			
规范完成混合动力传动桥及逆变器冷却液更换	是□　否□			
加注定量冷却液	是□　否□			
正确完成混合动力传动桥及逆变器冷却系统排空	是□　否□			

检查项目	检查结果	自评	小组互评	教师点评
规范完成混合动力传动桥润滑系统检查	是□ 否□			
规范完成混合动力传动桥润滑油更换	是□ 否□			
是否加注定量润滑油	是□ 否□			
是否规范完成混合动力传动桥润滑油加注后检查	是□ 否□			
是否规范完成工作现场"5S"	是□ 否□			

六、总结反思

1. 完成本任务应了解哪些知识？

2. 完成本系统维护作业，应掌握哪些技能要点及注意事项？

3. 完成本任务存在的不足及改进措施。

七、知识拓展

质子交换膜燃料电池汽车

为了保护环境，降低污染，世界各国积极发展新能源汽车，质子交换膜燃料电池因

可使氢能转换为电能，被视为最有希望迭代石化燃料的技术。由于质子交换膜燃料电池具有零排放、零污染、能量效率高、运行温度低等优点，故被用作车辆动力源，且现已有成功应用案例，诸如中国的飞驰汽车、宇通汽车，日本的丰田和本田汽车等。

燃料电池车辆因与纯电动汽车动力源相同，都是电能，故具有纯电动汽车的全部特点，但不同的是，燃料电池车辆的电能是来自燃料电池堆，而纯电动汽车的电能主要是动力电池储电或外部充电。燃料电池车辆将氢能转化为电能时，还会产生水和热量，所以燃料电池车辆没有排气管，即燃料电池车辆被公认为是零排放车辆。质子交换膜燃料电池相较于其他类型的燃料电池，具有高功率密度、低工作温度（60~80℃）、低衰退特性，而常被人们优先选用。氢气作为质子交换膜燃料电池车辆的燃料，通常由安装在车辆上的储氢罐供给，或从车载的燃料处理器中获得。由于燃料电池能恒定供应电能，故其除了不适应车辆急加速需求情况外，燃料电池是车辆最佳动力源。

现今汽车制造业完善了燃料电池汽车动力源，这种新型的燃料电池汽车叫作燃料电池混合电动车（FCHEV）。这种车辆利用单独的能量存储系统来辅助燃料电池，能量存储系统根据车辆动力需求，利用辅助电池或超级电容来进行充电或放电，以确保车辆平稳运行。该车型中，燃料电池是主要动力源，辅助电池或超级电容仅作为能量存储系统。目前燃料电池汽车普遍采用动力电池组和燃料电池堆并联的混动架构，如图 6-15 所示。

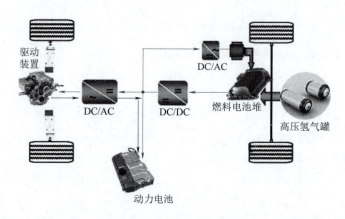

图 6-15　燃料电池混合电动汽车（FCHEV）示意图

燃料电池汽车系统主要由储氢罐、锂电池、燃料电池动力系统三部分组成，其中燃料电池动力系统主要由燃料电池堆、驱动控制单元、燃料电池电压转化控制器、氢气供给系统、空气供给系统、电动涡轮增压器组成，如图 6-16 所示。

燃料电池堆是车辆动力系统的核心部件，其由数百个单体燃料电池组成，与其他的普通电池一样，它能直接将化学能转化为电能，产生的废物只有水。储氢罐的主要功用是储存高压氢气，然后由氢气供给系统将氢气通过喷射器注入燃料电池堆。与内燃机一

燃料电池动力系统
燃料电池堆
驱动控制单元
燃料电池电压转化控制器
氢气供给系统
空气供给系统
电动涡轮增压器
高压氢气罐
锂电池

图 6 – 16　本田 Clarity Fuel Cell 系统组成

样，燃料电池堆也需要带空气滤清器的进气系统给燃料电池输入空气。空气供给系统的功用就是将空气过滤后，引入电动涡轮增压器，最终输送燃料电池堆，氧气和氢气在燃料电池堆发生化学反应产生电能和热量，并同时生成水。

质子交换膜燃料电池车辆具有与内燃机车辆和纯电动车辆的一般特性，与内燃机车辆和纯电动车辆相比，其具有噪声更低、续驶里程更长、设计更方便灵活等优点，但由于受当前质子交换膜燃料电池制造成本较高、加氢站配套不足的影响，导致质子交换膜燃料电池车辆暂时不能大量推广使用。

任务 2　纯电动汽车检查与维护

 学习目标

知识微课

1. 自觉遵守安全生产法律法规，严格执行安全生产规程，预防安全生产事故发生。
2. 能充分听取他人的意见和建议。

3. 了解汽车纯电动车辆维护的重要性及目的。

4. 能正确描述纯电动车辆维护作业项目内容、技术要求和作业规范。

5. 能正确、规范地利用工具设备对纯电动车辆进行维护作业。

一、任务描述

纯电动汽车与传统燃油汽车最大的不同点即动力源不一样。纯电动汽车动力控制单元控制动力电池向驱动电机供电，利用驱动电机转矩带动汽车行驶，其结构如图 6 – 17 所示。车辆运行一定里程或时间后，纯电动汽车的动力电池、电机、电控单元等相关部件的技术状态可能会出现一些变化或故障，从而影响车辆安全性、可靠性及行驶性能。定期对纯电动汽车进行检查与维护，可及时消除车辆安全隐患，确保车辆技术状态良好，提升车辆运行的可靠性和改善车辆的行驶性能。

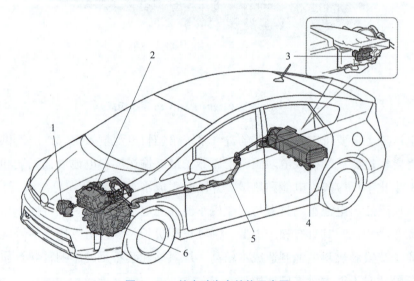

图 6 – 17　纯电动汽车结构示意图

1—电动压缩机；2—动力控制单元 DC/DC 转换器；3—手动维修开关；

4—动力电池；5—高压电缆；6—驱动电机

二、任务解析

纯电动汽车检查与维护主要是按照车辆保养手册规定的维护作业项目，依据维修手册规定的安全规范、作业步骤、方法、技术要求，对动力电池、驱动电机、车载充电机、驱动电机控制器、冷却系统、减速器等总成及部件进行清洁、检查、紧固、测试，同时还需对车辆的制动系统、行驶系统、转向系统、车身电气设备进行检查与维护，工作思路如下。

（1）根据车型保养手册、维修手册或者相应的技术规范，明确作业项目，准备相关工具和配件。

（2）维护作业时，设置安全监督员，做好个人安全防护及安全隐患排查。

（3）对车辆高压系统进行检查与维护前，先执行断电等必要的安全防护操作，拆下"维修开关"后等待至少 10 min 以上。

（4）制动系统、行驶系统、转向系统及电气系统低压部分检查与维护参照传统燃油汽车相关方法进行。

（5）对车辆高压系统部件进行清洁、紧固、绝缘检测，检查动力电池状态参数是否正常等。

（6）竣工检查和工作现场"5S"。

三、相关知识

（一）纯电动汽车检查与维护作业安全须知

1. 纯电动汽车维护场地要求

（1）维修作业前设置好安全隔离围栏，放置高压安全警示牌。

（2）场地干净整洁，干燥通风，配备有灭火装置。

（3）周边不得有易燃物品及与工作无关的金属物品。

（4）维修工位上必须配有防护用品。

（5）无关人员不得进入维修场地。

（6）垫好绝缘垫，防止对地触电。

2. 纯电动汽车维护操作人员要求

（1）操作人员上岗不得佩戴金属饰物，工作服衣袋内不得有金属物件。

（2）操作人员必须佩戴必要的防护工具，诸如绝缘手套、安全帽、安全鞋等。

（3）严禁非专业人员对高压部件进行拆装。

（4）操作人员必须经过低压电工安全培训，并持有国家安监局颁发的《特种作业操作证（低压电工证）》或以上证件。

3. 高压安全防护

1）高压警示标识

纯电动汽车的高电压组件壳体上都带有一个标记，售后服务人员或车主均可通过标记直观看出高电压可能带来的危险。其所用警示牌基于国际标准危险电压警示标识，如图 6－18 所示，高压警示标识采用黄色底色或红色底色，图形上布置有高压触电国家标准符号。

由于高压导线可能有几米长，因此通过在一处或两处标记警示牌可能难以起到警示

图 6 – 18　高压警示标识

作用，售后服务人员可能会忽视这些高压警示标牌。目前，车企通常用橙色警示色标记出所有高压导线，高压导线的某些插接器以及高压安全插接器也采用橙色设计，如图 6 – 19 所示。

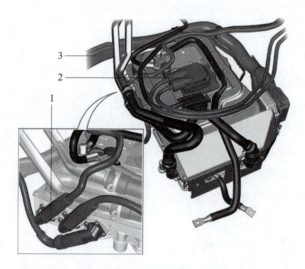

图 6 – 19　高压警示颜色（橙色）
1—插接器；2，3—高压导线

2）纯电动汽车高压部件分布

纯电动汽车高压部件主要分布在车辆底部和前舱，高压部件主要包括电机控制器、高压配电箱、车载充电机、高压导线、充电插头、动力电池、驱动电机、充电插座、电动压缩机和 PTC 加热器等，如图 6 – 20 所示。

3）高压安全操作注意事项

（1）维修开关由专人保管，防止有人误操作。维修开关拔出后，需要等待 10 min 以上，以便于电机控制器、充电机等内部有电容元件的部件进行充分放电。

（2）维修车辆时，必须设置专职监护人一名，监护人员必须具备国家认可的《特种作业操作证（电工）》与初级（含）以上电工证（职业资格证书）。监护人员的工作职责为监督维修的全过程：

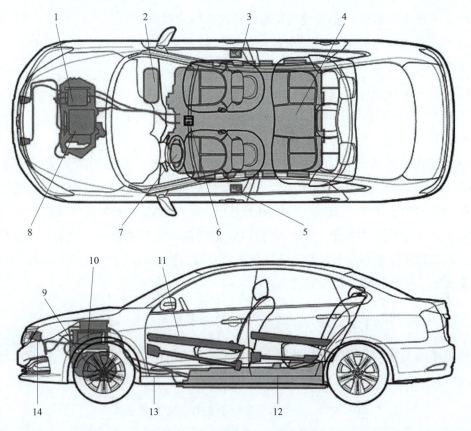

图 6 – 20　纯电动汽车高压部件分布

1—高压配电箱；2—乘客正向气囊；3，5—安全带预张紧机构；4—动力电池；

6—气囊控制单元；7—驾驶员正向气囊；8—车载充电机；9—驱动电机及减速器；

10—电动机控制器；11—机构加强筋；12—动力电池；13—高压线缆；14—充电接口

①监督维修人员组成、工具使用、防护用品佩戴、备件安全保护、维修安全警示牌等是否符合要求。

②检查维修开关的接通与断开。

③负责对维修过程中的安全维修操作规程进行检查，监护人要按安全维修操作规程进行检查，并按安全维修操作规程指挥操作，维修人员在做完一个操作后要告知监护人，监护人要在作业流程单上做标记。

④禁止未经培训的人员进行高压部分的检修，禁止一切人员带有侥幸心理进行危险操作，避免发生安全事故。

（3）在车辆上电前，注意确认是否还有人员在进行高压维修操作，避免发生危险。

检修高压系统时，断开启动开关电源，脱开蓄电池负极电缆并断开维修开关，由专职监护人员保管，确保在维修过程中不会有人将其重新安装。

（4）检修高压线时，对拆下的任何裸露出的高压部位，应立刻用绝缘胶带包扎绝缘。

（5）安装高压线时，必须按照车身固定孔位要求将线束固定好。

（6）不能用手指触摸高压线束插接件里的带电部分以免触电，另外应防止有细小的金属工具或铁条等接触到插接件中的带电部分。

（7）检修高压系统前应使用万用表测量整车高压回路，确保无电，方法如下：拔出维修开关 5 min 后，测量动力电池和车身之间的电压来初步判断是否漏电，若检测到电压大于等于 50 V，应立即停止操作，检查、判断漏电部位。

（8）使用万用表测量高压时，需注意选择正确量程，检测用万用表精度不低于0.5 级，要求具有直流电压测量挡位，量程范围大于等于 500 V。使用万用表测量高压时，需遵守"单手操作"原则。所使用的万用表一根表笔线上配备绝缘鳄鱼夹（要求耐压为 3 kV，过流能力大于 5 A），测量时先把鳄鱼夹夹到电路的一个端子，然后用另一只表笔接到需测量的端子测量读数，每次测量时只能用一只手握住表笔。使用万用表测量高压时，严禁触摸表笔金属部分。

（二）纯电动汽车检查与维护作业项目及技术要求

纯电动汽车维护机械部分和低压电气系统部分维护作业项目及要求与传统燃油汽车基本一致，其高压电气系统检查与维护作业内容及技术要求见表 6 - 5。

表 6 - 5　纯电动汽车检查维护项目及技术要求

序号	项目	技术要求	备注
1	动力电池	1. 电池箱与车辆底盘固定螺栓紧固可靠，无腐蚀或损坏； 2. 高压连接器公插与母插清洁、连接可靠，无腐蚀和破损； 3. 低压连接器公插与母插清洁、连接可靠，无腐蚀和破损； 4. 电池箱箱体无腐蚀、变形、破损； 5. 静态时，单只动力电池表面温度与环境温度一致； 6. 电池静态压差小于 10%； 7. 诊断工具/整车仪表盘无绝缘报警	每 10 000 km 或 6 个月保养 1 次
2	驱动电机	1. 电机外壳体清洁、无污垢； 2. 电机机械连接紧固可靠，无松动； 3. 电机接地线部位的接电阻不大于 0.1 Ω； 4. 电机水冷系统管路无老化、无渗漏	每 10 000 km 或 6 个月保养 1 次
3	冷却系统	1. 冷却液液面保持在"F"与"L"刻度； 2. 冷却水泵无渗漏； 3. 冷却管路无老化、无渗漏； 4. 更换冷却液	冷却液每 20 000 km 更换 1 次

序号	项目	技术要求	备注
4	减速器	1. 减速器润滑油液面符合要求； 2. 更换减速器齿轮油	齿轮油每50 000 km更换1次
5	驱动电机控制器	1. 绝缘电阻不低于200 MΩ； 2. 接地电阻不大于100 MΩ	
6	车载充电机	1. 清洁车载充电机； 2. 高、低压接插件表面完好，无破损，连接牢固； 3. 接地线连接牢固； 4. 充电机安装牢固，无松动	每10 000 km或6个月保养1次
7	制动液	1. 制动液液面保持在MAX与MIN刻度之间； 2. 制动液颜色不浑浊	
8	绝缘阻值测量	1. 交流充电口L、N对PE的绝缘阻值大于200 MΩ； 2. 快充接口DC＋、DC－对PE的绝缘阻值大于200 MΩ； 3. 断开维修开关后，车载充电机输入端及输出端对壳体的绝缘电阻大于200 MΩ	
9	转向系统	1. 转向盘最大自由间隙30 mm； 2. 中间轴万向节无松旷； 3. 转向力5.5 N·m； 4. 横拉杆球头旋转力矩1.5~3 N·m	
10	空调系统	空调系统各功能正常	
11	机械部分及低压电气系统部分	与传统燃油汽车相关维护项目技术要求基本一致	

（三）纯电动汽车检查与维护作业规范及要点

（1）作业前，确保场地干净并通风良好，附近无液体或易燃物，并将维护作业区域用安全警戒围栏隔离，放置高压安全警示标牌。

（2）检查灭火器压力是否正常及防护用品是否齐全且完好，如图6-21所示。

（3）断开维修开关且保管好。对无维修开关的车辆，为安全起见，应断开动力电池至车载充电机（集成高压分配盒）的直流母线，从而起到高压系统断电的目的。

具体操作方法如图6-22所示，先断开蓄电池负极电缆并等待至少10 min，然后再向上扳动直流母线插接器卡扣，插接器会松开，最后完全拔出插接器。

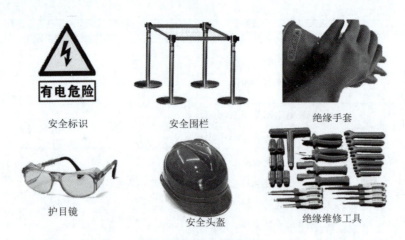

安全标识　　　　安全围栏　　　　绝缘手套

护目镜　　　　安全头盔　　　　绝缘维修工具

图6－21　高压防护用品

注意：拔出直流母线插接器后，使用万用表测量直流母线端正负极电压应低于1 V。

断开蓄电池电缆　　向上推动直流母线插接器卡扣保险　　向上扳动直流母线插接器卡扣

图6－22　高压直流母线断开操作示意图

高压供电恢复时，直流母线插接器垂直对准插座并用手预紧，然后向下轻按插接器卡扣，如图6－23所示，卡扣卡到位后会听到轻微的"咔嚓"声。安装后应再次检查插接器是否安装到位。

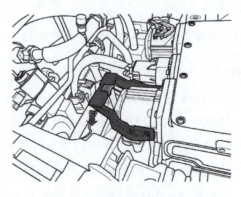

图6－23　直流母线安装示意图

（4）高压元件绝缘电阻检查。

绝缘测试只能在不通电的电路上进行。如图 6 – 24 所示，测试时，黑表笔接车身，红表笔测量电气元件相应的端子。

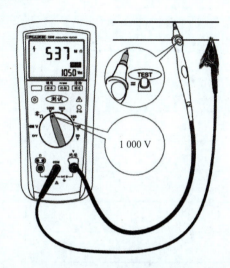

图 6 – 24　绝缘测试操作示意图

四、任务实施

（一）操作准备

准备维护操作所需的物料，见表 6 – 6。

表 6 – 6　物料准备

类别	所需物料
教学车辆/实训平台	纯电动实训汽车
设备、仪器、工具	灭火器、绝缘手套、绝缘胶鞋、安全警戒线、高压安全警示标牌、高压维修专业工具、维修手册、故障诊断仪等

（二）制订计划

制订润滑系统检查与维护计划。

依据纯电动汽车维护相关知识及车辆维修手册、保养手册，制订纯电动汽车检查与维护作业计划，并将维护项目、所需工具设备、安全注意事项、技术要求等相关信息填写在表 6 – 7 中。

表 6 – 7 纯电动汽车检查与维护作业计划

序号	维护项目	安全防护要点	技术要求
	驱动电机		
	绝缘电阻测量		

（三）任务实施

各小组制订完计划后，轮值组长在作业开始前，明确安全员、质检员、操作员、监督员、管理员等人员，安排落实好每个小组成员的工作职责，然后严格按照制订的计划进行作业，如发现计划不合理，应及时进行修改、完善。

五、检查评价

对纯电动汽车检查与维护的学习情况进行检查，并将相关内容填写在表 6 – 8 中。

表 6 – 8 检查表

检查项目	检查结果	自评	小组互评	教师点评
是否具有安全意识、质量意识、环保意识、创新意识、工匠精神及良好的职业素养	是□ 否□			
是否严格遵守安全操作规程	是□ 否□			
是否能正确描述纯电动汽车维护重要性、作业内容及技术要求	是□ 否□			

续表

检查项目	检查结果	自评	小组互评	教师点评
是否规范完成动力电池检查	是☐ 否☐			
是否规范检查驱动电机	是☐ 否☐			
是否规范完成冷却系统检查	是☐ 否☐			
是否按规定力矩扭紧动力电池固定螺栓	是☐ 否☐			
是否按规定量加注冷却液	是☐ 否☐			
作业过程是否遵守安全操作规范	是☐ 否☐			
工具设备是否整理并放至指定位置	是☐ 否☐			
实训工位是否打扫干净	是☐ 否☐			

六、总结反思

1. 完成本任务应了解哪些知识?

2. 完成本系统维护作业，应掌握哪些技能要点及注意事项?

3. 完成本任务存在的不足及改进措施。

七、知识拓展

电动汽车高压特点

依据国家标准 GB/T 18384.3—2015《电动汽车　安全要求　第 3 部分：人员触电防护》中人员触电防护要求，根据不同电压等级可能对人体产生的伤害和危险程度的不同，在电动汽车中，将电压按照类型和数值分为两个类型，见表 6 - 9。

表 6 - 9　电压的类型和数值

电压级别	工作电压/V	
	DC（直流）	AC（交流），50 ~ 150 Hz
A	$0 < U \leqslant 60$	$0 < U \leqslant 25$
B	$60 < U \leqslant 1\,000$	$25 < U \leqslant 660$

考虑到空气的湿度和人体在不同工作环境下的电阻，基于安全考虑将车辆电压分为以下安全级别，即：

（1）A 级：较为安全的电压等级。直流电低于或等于 60 V；交流电（50 ~ 150 Hz）低于 25 V。在此电压范围内的维护人员不需要采取特殊的保护措施。

（2）B 级：对人体会产生伤害，被认为是高压。在该电压下必须采取必要的防护设备对维护人员进行保护。

在电动汽车中，低压通常指的就是 12 V 电源系统的电气线路，而高压主要指的是动力电池及相关线路的电压。电动汽车的高压具有以下特点：

（1）高压系统的电压一般设计都在 200 V 以上。例如，大多数的电动汽车或混合动力汽车的动力电池电压都在 280 V 左右。

（2）高压存在的形式既有直流，也有交流。这包括在动力电池的直流，也有充电时 220 V 电网交流电，以及驱动电机工作时的三相交流电。

（3）高压系统对绝缘的要求更高，大多数传统汽车上设计的绝缘材料，当电压超过 200 V 时可能就变成了导体，因此在电动汽车上的绝缘材料需要具有更高的绝缘性能。

（4）高压系统对正负极距离的要求。12 V 电压情况下，对正、负极之间的距离需要很近时才会有击穿空气的可能，但是当电压高到 200 V 以上时，正、负极之间存有一个很大的距离时就会击穿空气而导电，也就是我们常说的电弧。

为防止意外触及高压系统，电动汽车对高压部件均采用特殊的标识或颜色，对维修人员或车主给予警示。电动汽车通常采用两种形式进行高电压的标识警示，包括高压警示标识和导线警示颜色。

项目七

整车检查与维护

项目简介

 汽车维护作业时，通常是对整车进行全面的检查与维护，如何安全、优质、高效完成车辆维护，一直是汽车服务企业面临的重要问题。本项目介绍了当前整车维护分类方法、整车维护原则、各级汽车维护作业项目内容、维护作业流程、汽车 20 000 km 双人维护作业流程及维护作业规范，通过制订计划、任务实施、检查评价等环节，培养学生良好的职业素养、质量意识、安全意识、工匠精神等，提升学生整车维护方面的知识及实操能力。

任务 20 000 km 检查与维护

知识微课 实操示范视频

学习目标

 1. 自觉遵守安全生产法律法规，严格执行安全生产规程，预防安全生产事故发生。

 2. 以诚相待合作伙伴，能与团队成员协作达成目标。

 3. 服从大局，坚持个人利益服从集体利益，能充分听取他人的意见。

 4. 了解车辆 20 000 km 维护作业流程。

 5. 能正确描述车辆 20 000 km 维护作业项目内容及要点。

 6. 能正确、规范、高效地利用工具设备对车辆进行 20 000 km 维护作业。

一、任务描述

 当前汽车维护服务行业内，多数厂商对汽车维护内容通常按照车辆行驶里程不同，分为 5 000 km 维护、10 000 km 维护、20 000 km 维护、40 000 km 维护，其维护内容主

要以检查、紧固、润滑、更换及调整为主，维护作业项目因车型不同会有所差异，具体见各厂商车辆保养手册。如图7－1所示，车辆20 000 km维护主要是检查车辆灯光、发动机、刮水器、转向机构等工作是否正常，目视检查轮胎、车身外观等损坏，更换零件发动机机油、发动机机油滤清器、空气滤清器等配件，紧固检查悬架、排气管等连接螺栓，检查发动机机油、动力转向液、防冻冷却液、制动液等液面是否符合要求。

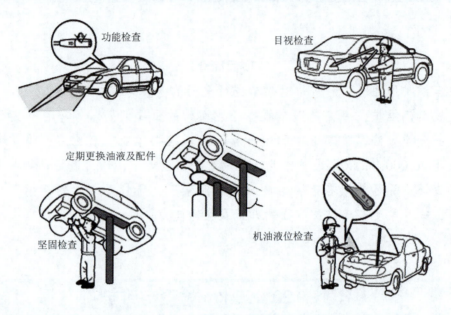

图7－1　汽车20 000 km维护作业示意图

二、任务解析

汽车20 000 km检查与维护主要是按照车辆保养手册规定的维护作业项目，依据相关车辆维修手册规定的作业步骤、方法、技术要求，对车辆相关系统部件进行检查或更换，工作思路如下。

（1）根据车型保养手册、维修手册或者相应的技术规范，明确作业项目、准备相关工具和配件。

（2）配置和调整好系统台车，工作台车和机油台车。

（3）根据表7－3所示作业流程完成车辆20 000 km维护作业项目。

（4）对维护关键项目进行复检，完整填写工单。

（5）竣工检查和工作现场"5S"。

三、相关知识

（一）整车维护作业原则

整车维护作业时要秉承"顾客第一，品质第一"的宗旨，始终坚持"安全第一、质量至上、规范高效、客户满意"原则。

高品质高效率的保养服务，不仅需要构建符合快速维护保养的作业环境，执行严谨的快速维护保养作业流程，更需要正确规范的作业方法。

1. 构建符合快速维护保养的作业环境

通过提前合理布置好工位，准备好需要用的工具设备及材料，将工具、仪器和更换部件应该提前准备好并置于易于拿取的地方，如图 7 – 2 所示，在维护作业时将需要用的轮胎气压表、扳手、套筒、润滑脂等工具和材料放在系统台车上，这样可减少取工具的走动次数，提高工作效率。

图 7 – 2　系统台车工具布置示意图

2. 快速维护保养作业流程

快速维护保养作业流程应尽量缩短行程距离，减少走动次数及不合理的工作地点，限制空闲时间，站立操作，如图 7 – 3 所示。

（1）将尽可能多的工作集中在同一地点，并一次做完。

（2）车辆周围的运动路线应该始于驾驶员的座位，终于技术员围绕车辆工作一次的结束地点。

（3）尽量减少举升机操作的次数，如图 7 – 4 所示，广汽凯美瑞维护通过 3 个作业

流程，举升车辆 2 次，双人作业技师在 25 min 内即可完成车辆 20 000 km 维护内容，具体见表 7 - 4。

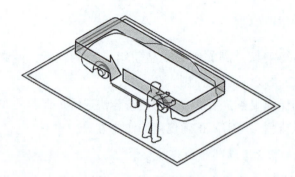

图 7 - 3　缩短工作路径示意图

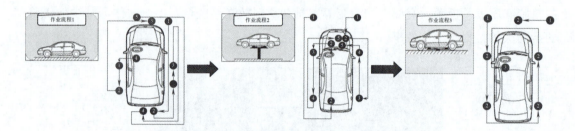

图 7 - 4　广汽丰田凯美瑞维护作业流程示意图

（二）车辆 20 000 km 维护作业项目内容

车辆 20 000 km 维护作业项目内容，车型不一样，其维护作业项目会有所不同，具体参见车辆保养手册。

表 7 - 1 所示为广汽丰田凯美瑞车辆维护作业项目表，表中 R 表示更换；I 表示检查；T 表示紧固；0 表示换位；●表示车主手册要求的基本项目；○表示恶劣工况条件下需要保养的项目；☺表示根据维修手册建议的安心点检项目。

表 7 - 1　丰田凯美瑞维护作业项目表

项目		5 K		10 K		20 K		40 K	
车辆外侧	轮胎	I	○	I	●	I	●	I	●
	车轮螺母	T	○	T	●	T	●	T	●
	轮胎换位			0	☺	0	☺	0	☺
	风挡玻璃刮水器叶片	I	○	I	●	I	●	I	●
	车门和发动机盖			I	☺	I	☺	I	☺

续表

项目		5 K		10 K		20 K		40 K	
车辆内侧	车灯	I	○	I	●	I	●	I	●
	警告灯和蜂鸣器	I	☺	I	☺	I	☺		☺
	喇叭	I	○	I	●	I	●	I	●
	风挡玻璃刮水器和清洗器	I	○	I	●	I	●	I	●
	风挡玻璃除霜器			I	☺	I	☺		☺
	后视镜			I	☺	I	☺		☺
	转向盘	I	○	I	○	I	●	I	●
	座椅安全带			I	☺	I	☺		☺
	加速踏板			I	☺	I	☺		☺
	制动踏板	I	○	I	●	I	●	I	●
	驻车制动器	I	☺	I	☺	I	☺	I	☺
	电动车窗和天窗			I	☺	I	☺		☺
发动机盖下部	风挡玻璃清洗液	I	☺	I	☺	I	☺	I	☺
	发动机冷却液液位	I	☺	I	☺	I	☺		●
	逆变器冷却液液位（HV车型）	I	☺	I	☺	I	☺		●
	冷却和加热器系统					I	☺		●
	散热器和软管					I	☺		●
	制动液液位	I	○	I	●	I	●	I	●
	发动机机油油位	I	○	I	●	I	●	I	●
	蓄电池	I	○	I	●	I	●	I	●
	空气滤清器滤芯	I	○	I	○	I/R	●	R	●
	燃油管路、连接处、燃油箱蒸汽通风系统　软管和燃油箱带			I	☺	I	☺	I	●
发动机	发动机机油和机油滤清器	R	○	R	●	R	●	R	●
	燃油箱盖垫片			I	☺	I	☺		☺
	加注喷油器清洁剂			R	●	R	●	R	●
制动器	前制动器和制动盘	I	○	I	●	I	●	I	●
	后制动衬块和制动盘	I	○	I	●	I	●	I	●
	制动液	I	○	I	●	I	●	R	●
	制动管路和软管	I	○	I	○	I	●	I	●

续表

项目		5 K		10 K		20 K		40 K	
底盘	排气管和安装件			I	☺	I	●	I	●
	转向传动机构和转向机壳	I	○	I	○	I	●	I	●
	球节和防尘罩	I	○	I	○	I	●	I	●
	驱动轴防尘套	I	○	I	○	I	●	I	●
	前悬架和后悬架			I	○	I	●	I	●
	底盘和车身上的螺栓和螺母			T	○	T	○	T	○
	发动机							I	●
	自动传动桥油冷却器软管和连接情况							I	●
	油液泄漏	I	☺	I	☺	I	☺	I	☺
车身	空调滤清器	I	○	I	○	R	●	R	●
	混合动力蓄电池滤网			I	☺	I	☺	I	☺

四、任务实施

（一）操作准备

准备维护操作所需的物料，见表7-2。

表7-2　物料准备

类别	所需物料
教学车辆/实训平台	实训车
设备、仪器、工具	系统台车、工作台车、机油台车、维修手册
材料	4 L装机油，机油滤清器滤芯，放油螺栓垫片，喷油器清洁剂，空气滤清器，空调滤清器

（二）任务实施

轮值组长在作业开始前明确左边技师、右边技师、安全员、质检员、监督员、管理员等人员，安排落实好每个小组成员的工作职责，然后严格按照表7-3流程表中的流程进行作业，作业过程中务必要遵守安全操作规程及相关规范。

表7-3　广汽丰田凯美瑞维护作业流程表

作业流程　1			
 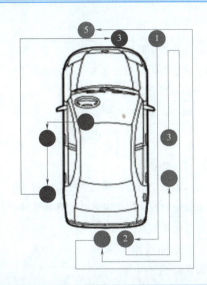			

※右边技师拿着派工单到零部件仓库领取零件（小桶装机油，机油滤清器滤芯，放油螺栓垫片，喷油器清洁剂，空调滤清器）

在前一作业车辆作业完成后，右边技师到零部件仓库领取下一作业车辆保养所需的物料，左边技师将前一作业车辆开到洗车区后，到调度室拿取接下来作业车辆的车钥匙和工单，然后将车辆开到工位，此时右边技师已到达工位等待引导车辆进入工位

	（左边）技师		（右边）技师
1	把车辆开到工位（注意：确认周围安全）	1	引导车辆到工位（先在前方引导，然后移动到左前）
	流程	工位有 IPAD：此步骤无，忽略； 工位无 IPAD：（无须下车）与右边技师确认作业内容，将施工单递交给右边技师	流程	工位有 IPAD：操作工位上的 IPAD，点击作业开始； 工位无 IPAD：移步到左前方与 A 技师确认作业内容
	检查	风挡玻璃刮水器和清洗器	流程	移动系统台车、轮胎车至右后方
		【检查风挡玻璃清洗器】 　检查并确认清洗器在其适当范围内工作。此外，检查并确认清洗液喷射到各风挡玻璃刮水器工作范围的中心。 　【检查风挡玻璃刮水器】 　1. 功能检查：慢，快，复位功能； 　2. 检查刮水器是否有划痕，必要时进行更换		

 汽车维护

（左边）技师				（右边）技师	
检查	喇叭	2	流程	移步到车辆后方； 发出声音"OK"，报告左边技师已准备就绪	
	【检查喇叭】 检查喇叭是否正常工作（音量和音调是否稳定）				
检查	车灯（协助检查后部灯光）		检查	车灯（检查后部灯光）	
	【左边技师】 （通过前部凸透镜检查相应的前部灯光状况，同步确认仪表各指示灯是否正常点亮） 听右边技术员指示，操作灯光开关			【右边技师】 听到喇叭声后出声引导； 左转向灯； 右转向灯； 制动灯； 倒车灯； 小灯，牌照灯； 后雾灯； 危险警告灯	
流程	打开三盖		流程	→打开行李箱盖；放置行李箱垫	
检查	车灯（检查前部灯光）		检查	后悬架	
	接着对前部大灯进行检查，操作灯光开关。 大灯近光； 大灯远光； 大灯闪光（检查挡请将灯光控制开关置于"OFF"／"AUTO"挡位）			按压保险杠中央2～3次，无异常噪声并跳动缓慢	
			流程	铺放地板垫，把行李箱内物品取出	
检查	警告灯和蜂鸣器		检查	备用轮胎	
	【检查仪表指示灯、警告灯】 检查并确认所有仪表指示灯、警告灯都正常			用计量表检查轮胎充气压力、如气压低于330 kPa，则取出备用轮胎进行全面检查，如气压不低于330 kPa，则调整气压到420 kPa	
检查	转向盘		流程	→检查随车工具和行李箱照明灯	
	【检查转向盘】 1. 把转向盘上下、左右摇动，确认是否有异常松动； 2. 检查是否转向困难或有异常噪声； 3. 确认转向盘的自由行程适当		流程	将客户的物品放回行李箱，收回地板垫； 注：此处暂未关闭后行李盖，如是汽油版，则在此处收回行李箱垫，关闭行李箱盖	

续表

	（左边）技师			（右边）技师
流程	降下所有车窗玻璃	3		移步到右侧车门
检查	中央门锁作用		检查	右后车门
	操作中央门锁，确认各门锁的工作状态			1. 检查车门内外门把手作用： 内锁锁止状态下，内、外把手作动⇒车门打不开门； 内锁解锁状态下，内、外把手作动都能打开车门； 2. 检查儿童锁： 设置儿童锁后，内锁解锁状态下，内把手作动，车门打不开，检查后恢复客户原来的设置； 3. 打开车门，确认车门打开顺畅，无异常噪声； 4. 操作电动车窗一键上升开关，检查电动车窗是否能正常关闭； 5. 按住时右后门控灯开关时，门灯灭，松开时亮
检查	后视镜			
	【车外后视镜】 操作开关，检查左右外后视镜的上下、左右的动作和回收功能正常（检查完毕后，不改变客户的原始设置）。 【车内后视镜】 检查并确认车内后视镜安装牢固			
检查	检查前后车内灯		检查	右后安全带＋后排中间座位安全带
	操作左右前个人用灯开关、车内灯开关，检查车内灯是否正常点亮			检查并确认座椅安全带组件，如搭扣、卷收器和固定件工作正常且顺畅
检查	天窗		检查	混合动力蓄电池滤网
	通过操作按钮使天窗前后运动，检查天窗和遮阳帘滑动正常			【检查/更换 HV 蓄电池滤网】 1. 拆卸蓄电池检修孔盖； 2. 拆卸 HV 蓄电池 1 号进气滤清器； 3. 检查并确认滤网是否严重脏污，如果滤网严重脏污，则建议客户更换； 4. 用压缩空气清洁滤网； 5. 重新安装 HV 蓄电池滤网
			流程	关闭右后车门
检查	空调		检查	右前车门

（左边）技师		（右边）技师	
	1. 打开空调，将温度调至最低，使用手的感觉来检查空调的制冷效果是否正常； 2. 检查空调各出风口的状况正常； 3. 空调处于除霜器设置位置时，检查并确认空气从除霜器出口吹出		1. 检查车门内外门把手作用： 内锁锁止状态下，内、外把手作动⇒车门打不开门；内锁解锁状态下，内、外把手作动都能打开车门； 2. 打开车门，确认车门打开顺畅，无异常噪声； 3. 操作电动车窗一键上升开关，检查电动车窗是否能正常关闭； 4. 按住时右前门控灯开关时，门灯灭，松开时亮
检查	驻车制动器	检查	右前安全带
	【检查驻车制动器】 设置驻车制动器、驻车制动指示灯和驻车制动灯将点亮。释放驻车制动器，驻车制动指示灯和驻车制动灯将熄灭。 （注意：最终驻车制动器处于释放状态）		检查并确认座椅安全带组件，如搭扣、卷收器和固定件工作正常且顺畅
流程	电源模式：　READY ON→ON		
检查	加速踏板	检查	空调滤清器
	【检查加速踏板】 1. 检查并确认踏板操作顺畅。 2. 检查并确认踏板的阻力均匀或踏板不会在特定位置被卡住		1. 打开手套箱并拆下手套箱内的手套箱盖； 2. 拆下滤清器盖，拆下滤清器壳； 3. 清洁或更换空调滤清器
检查	制动踏板	流程	→关闭右前门；
	【检查踏板状况】 反复踏下制动踏板，检查确保制动踏板没有下述任何故障（反应不灵敏、踏板不完全落下、异常噪声、过度松动）。 【检查制动助力器】（仅汽油车型） 踩下制动踏板并检查制动助力器是否正常工作（包括工作情况、气密性、真空检查）	流程	携带电池检测仪，移动到车辆后方

续表

	（左边）技师			（右边）技师	
检查	座椅安全带	4	检查	蓄电池	
	【检查左前安全带】 检查并确认座椅安全带组件，如搭扣、卷收器和固定件工作正常且顺畅			1. 检查辅助蓄电池是否损坏和变形。如果发现严重损坏、变形或泄漏，则更换辅助蓄电池。 2. 使用蓄电池检测仪检查蓄电池电压	
2	离开驾驶室		流程	回收后行李箱垫；关闭后尾箱盖	
检查	左前车门	5	检查	空气滤清器滤芯	
	1. 按住时左前门控灯开关时，车顶灯灭，松开时亮。 2. 打开车门，确认车门打开顺畅，无异常噪声。 3. 关闭左前门，检查车门内外门把手作用： 内锁锁止状态下，外把手作动⇒打不开门； 内把手作动⇒能打开门； 内锁解锁状态下，内、外把手作动都能打开车门			【检查（10 K、20 K）/更换（40 K）】 1. 拆下空气滤清器滤芯。 2. 检查并确认空气滤清器滤芯未严重脏污；如果空气滤清器滤芯严重脏污，则建议客户更换空气滤清器滤芯。 3. 用压缩空气清洁空气滤清器滤芯。 4. 重新安装空气滤清器滤芯	
检查	左后车门				
	1. 检查车门内外门把手作用： 内锁锁止状态下，内、外把手作动⇒车门打不开门； 内锁解锁状态下，内、外把手作动都能打开车门。 2. 检查儿童锁： 设置儿童锁后，内锁解锁状态下，内把手作动，车门打不开，检查后恢复客户原来的设置。 3. 打开车门，确认车门打开顺畅，无异常噪声。 4. 操作电动车窗一键上升开关，检查电动车窗是否能正常关闭。 5. 按住时左后门控灯开关时，门灭，松开时亮				

续表

（左边）技师		（右边）技师
检查	左后安全带	
	检查并确认座椅安全带组件，如搭扣、卷收器和固定件工作正常且顺畅	
检查	燃油箱盖	
	1. 目视检查并确认燃油箱盖总成和垫片未变形或损坏。 2. 安装油箱盖，进一步上紧油箱盖，确保油箱盖发出咔嗒声而且能够自由转动。 注：每次进行 10 K 保养时需向燃油箱中加注喷油器清洁剂，但燃油箱油量不宜少于 25 L，建议客户在下一次加油后再加注	
流程	打开驾驶员车门，关闭点火开关。电源"ON"→"OFF"	
3	移动到车辆前方	
检查	风挡玻璃刮水器片	
	检查刮水器片是否磨损或破裂；使用清洁布对其进行清洁	
检查	左右前悬架	
	按压翼子板 2~3 次，无异常噪声并跳动缓慢	
流程	打开发动机盖罩	
流程	放置翼子板垫	
检查	发动机机油液位	
	预检保养前的机油液位（如液位异常，则需仔细检查是否有漏油现象或检查尾气颜色）	
流程	打开发动机机油加注口盖	
检查	风挡玻璃清洗液	
	检查并确认储液罐中有足够的清洗液，如不足则添加	
检查	发动机冷却液液位	

续表

	（左边）技师		（右边）技师
	检查并确认冷却液液位在透明储液罐的"FULL"刻度线和"LOW"刻度线之间		
检查	逆变器冷却液液位（HV 车型）		
	检查并确认冷却液液位在透明储液罐的"FULL"刻度线和"LOW"刻度线之间		
检查	制动液液位		
	检查制动总泵的储液罐中的液位是否在透明储液罐的"MAX"刻度线和"MIN"刻度线之间		
检查	散热器和软管		
	【检查散热器和软管】（使用手电筒） 　　1. 检查并确认散热器前部是否干净，且未被树叶、灰尘或昆虫堵塞。 　　2. 检查散热器和软管是否损坏、破裂、扭结、腐蚀、腐烂、堵塞、泄漏		
注：由于部分项目作业时间不可控（如风挡玻璃清洗液的添加、混合动力蓄电池滤网、空调滤清器、空气滤清器的清洁），可能导致左右技师出现等待时间，故以下内容可由同一技师完成			
流程	左边举升机垫块设置	流程	右边举升机垫块设置

作业流程2			
		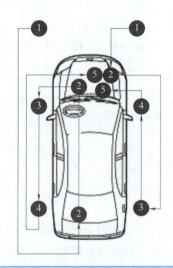	

（左边）技师		（右边）技师	
1	在举升机控制器处（在车辆前方的左侧）	1	在车辆前方的右侧
流程	操作举升机： 　　发出指示"车辆上升，请注意"并等待右边技师回应；操作举升机，将车辆举升至垫块接触到车身，发出指令"检查举升机垫块是否正确安装"，如安装正确，则发出"OK"声音； 　　如安装不正确，则发出报告"垫块未正确放置，需重新安装"，并与右边技师协同重新设置举升垫块； 　　确认举升垫块正确安装后，继续举升车辆，听到右边技师发出的"OK"声音后，停止操作举升机	流程	辅助操作举升机上升，确认安全后，回应"OK，可以上升"； 　　接收到左边技师"检查举升机垫块是否正确安装"后，检查右边举升机垫块，如安装正确，则发出"OK"声音； 　　如安装不正确，则发出报告"垫块未正确放置，需重新安装"并与右边技师协同重新设置举升垫块； 　　确认举升垫块正确安装后，继续辅助举升车辆，上升到合适的高度（标记位置），发出"OK"声音，叫停举升车辆
流程	与右边技师配合共同拆卸发动机底罩总成（40 K）。 　　注：10 K、20 K保养时，目视检查发动机底罩总成有无刮伤或油水站污痕迹，如无则无须拆卸底罩总成，只需拆卸发动机中央下盖（右边技师单人作业）	流程	→与左边技师配合共同拆卸发动机底罩总成（40 K）。 　　注：10 K、20 K保养时，目视检查发动机底罩总成有无刮伤或油水站污痕迹，如无则无须拆卸底罩总成，只需拆卸发动机中央下盖（右边技师单人作业）

	（左边）技师			（右边）技师	
2	检查车辆底盘		2	排放发动机机油	
	检查	排气管和安装件		更换	发动机机油和机油滤清器
		【检查排气管和安装件】 目视检查管路、吊架和连接部位是否严重腐蚀、泄漏或损坏。 检查确认排气管 O 形环安装状况，无脱落现象			【排放机油】 1. 将机油台车移动到排放塞下方； 2. 拧松机油滤清器分总成，使机油从机油滤清器中流出； 3. 拆下油底壳排放塞和垫片，并将发动机机油排放到机油台车中
	紧固	底盘和车身上的螺栓和螺母	3	检查车轮及制动器（右后车轮）	
		【检查后桥和悬架】 检查下列底盘部件的螺栓和螺母是否紧固：后减震器、后上臂、后下臂、后纵臂、后稳定杆、后悬架横梁		流程	→移动系统台车到右后轮下； 正面推动，固定位置
	紧固	底盘与车身上的螺栓和螺母		检查	轮胎
		【检查前桥和悬架】 检查下列底盘部件的螺栓和螺母是否紧固：减震器、前下臂、前稳定杆			【检查轮胎和轮胎气压】 1. 把轮胎左右和上下摇动，检查驱动轴轴承的松动情况，转动轮胎无异常； 2. 检查轮毂表面是否有裂纹、划伤； 3. 用计量表检查轮胎充气压力、必要时进行调整； 4. 检查轮胎表面（外面、胎面、内面）是否有开口、损坏或过度磨损； 5. 使用轮胎深度规测量 3 个点，检查轮胎花纹
	检查	转向传动机构和转向机壳			
		【检查转向传动机构和转向机壳】 （使用手电筒） 1. 检查并确认横拉杆端头无任何间隙，球头防尘罩未损坏，防尘套卡夹没有松动； 2. 检查并确认转向机壳未损坏； 3. 如在车辆下方未能目视检查的，可在检查轮胎时拆卸车轮后检查		流程	→拆卸轮胎： 将系统台车的升到适当位置； 用风炮卸下轮胎螺帽； 两手抱住轮胎往后移动，然后降下轮胎； 将系统台车移动到制动盘下，并固定

（左边）技师			（右边）技师	
检查	球节和防尘罩			
	【检查球节和防尘罩】（使用手电筒） 检查下臂球头、横拉杆球头： 1. 检查球节是否松动； 2. 检查防尘罩是否损坏	流程	→右后制动分泵总成拆卸： 断开2号驻车制动线束总成； 用扳手拧松制动分泵螺丝（2个）； 用气动扳手把刹车分泵螺丝拧开； 将制动分泵总成用挂钩挂起	
检查	驱动轴防尘套	检查	后制动衬块和制动盘	
	【检查驱动轴防尘套】（使用手电筒） 1. 检查驱动轴防尘套是否有夹箍松动、破裂、润滑脂泄漏、扭曲或损坏； 2. 如在车辆下方未能目视检查的，可在检查轮胎时拆卸车轮后检查		【检查后制动衬块和制动盘】 1. 拆卸制动衬块，用直尺测量后盘式制动衬块衬层厚度； 2. 左后制动盘检查，用手检查制动盘表面磨损情况，如磨损严重，则需进行测量制动盘厚度，更换或研磨制动盘； 3. 检查制动缸和活塞是否锈蚀和划伤； 4. 活动制动分泵销，确认分泵销无卡滞现象； 5. 确保后盘式制动衬块支撑片有足够的弹性，没有变形、裂纹或磨损，且已清除所有的锈迹和污物。如有必要，则更换后盘式制动衬块支撑片	
检查	自动传动桥油冷却器软管和连接情况（40 K）			
	【检查自动传动桥油冷却器软管和连接情况】 （使用手电筒）检查自动传动桥油冷却器软管（油冷却器软管）有无破裂、泄漏、连接松动和变形	流程	→右后刹车分泵总成安装： 安装制动片； 把螺丝用手带上后用气动扳手拧紧； 用扭力扳手拧到规定的力矩（34.3 N·m）； 连接2号驻车制动线束总成	

222

	（左边）技师			（右边）技师	
检查	油液泄漏（40 K）		检查	制动管路和软管	
	【检查油液泄漏】 （使用手电筒）检查车下是否有泄漏的燃油、机油、变速器油、冷却液或其他液体。 注意：如果闻到燃油味或发现任何泄漏，则找出原因并维修			【检查制动管路和软管】 1. 检查制动管路和软管的长度及整个圆周表面是否有磨损、变形及漏油等异常现象； 2. 检查所有夹箍是否紧固和连接部位是否泄漏； 3. 检查并确认软管和管路未靠近尖锐部位、运动部件或排气系统； 4. 检查并确认管路正确安装且穿过密封垫中心	
3	检查车轮及制动器（左前车轮）		检查	前悬架和后悬架	
流程	→移动系统台车到左前轮下：正面推动，固定位置			【目视检查】 （使用手电筒）目视确认是否漏油	
检查	轮胎		流程	轮胎换位	
	【检查轮胎和轮胎气压】 1. 把轮胎左右和上下摇动，检查驱动轴轴承的松动情况，转动轮胎无异常； 2. 检查轮毂表面是否有裂纹、划伤； 3. 用计量表检查轮胎充气压力、必要时进行调整； 4. 检查轮胎表面（外面、胎面、内面）是否有开口、损坏或过度磨损。 5. 使用轮胎深度规，测量3个点，检查轮胎花纹； 注意：在进行前轮胎点检时，如需转动轮胎，务必发出声音通知另一个技师，确认安全时方可转动轮胎			移动系统台车到右前方指定位置，分离轮胎台车	
	注：当左右技师同时进行前轮作业时，如需转动车轮，请提醒对方"转动轮胎，请注意"，在对方回应"可以转动轮胎"后，才可转动轮胎				

续表

		（左边）技师		（右边）技师	
	流程	→拆卸轮胎： 将系统台车的升到适当位置； 用风炮卸下轮胎螺帽； 两手抱住轮胎往后移动，然后降下轮胎； 将系统台车移动到制动盘下，并固定	4	检查车轮及制动器（右前车轮）	
			流程	→移动系统台车到右前轮下： 正面推动，固定位置	
			检查	轮胎	
	流程	→左前制动分泵总成拆卸： 用扳手拧松制动分泵下螺丝（1个）； 用气动扳手把制动分泵螺丝拧开		【检查轮胎和轮胎气压】 　1. 把轮胎左右和上下摇动，检查驱动轴轴承的松动情况，转动轮胎无异常； 　2. 检查轮毂表面是否有裂纹、划伤； 　3. 用计量表检查轮胎充气压力，必要时进行调整； 　4. 检查轮胎表面（外面、胎面、内面）是否有开口、损坏或过度磨损； 　5. 使用轮胎深度规测量3个点，检查轮胎花纹。 　注意：在进行前轮胎点检时，如需转动轮胎，务必发出声音通知另一个技师，确认安全时方可转动轮胎	
	检查	前制动器和制动盘		注：如果左右技师同时进行前轮作业时，如需转动车轮，请提醒对方"转动轮胎，请注意"，在对方回应"可以转动轮胎"后，才可转动轮胎	
		【检查前制动器和制动盘】 　1. 拆卸制动衬块，用直尺测量前盘式制动衬块的厚度； 　2. 左前制动盘检查，用手检查制动盘表面磨损情况，如磨损严重，则需进行测量制动盘厚度，更换或研磨制动盘； 　3. 检查制动缸和活塞是否锈蚀和划伤； 　4. 活动制动分泵销，确认分泵销无卡滞现象； 　5. 确保前盘式制动衬块支撑片有足够的弹性，没有变形、裂纹或磨损，且已清除所有的锈迹和污物。如有必要，更换前盘式制动衬块支撑片	流程	→拆卸轮胎： 将系统台车升到适当位置； 用风炮卸下轮胎螺帽； 两手抱住轮胎往后移动，然后降下轮胎； 将系统台车移动到制动盘下，并固定	

续表

	（左边）技师			（右边）技师	
流程	→左前制动分泵总成安装： 安装制动片； 把螺丝用手带上后用气动扳手拧紧； 用扭力扳手拧到规定的力矩（34.3 N·m）		流程	→右前制动分泵总成拆卸： 用扳手拧松制动分泵下螺丝（1个）； 用气动扳手把制动分泵螺丝拧开	
检查	制动管路和软管		检查	前制动器和制动盘	
	【检查制动管路和软管】 1. 检查制动管路和软管的长度及整个圆周表面是否有磨损、变形及漏油等异常现象； 2. 检查所有夹箍是否紧固和连接部位是否泄漏； 3. 检查并确认软管和管路未靠近尖锐部位、运动部件或排气系统； 4. 检查并确认管路正确安装且穿过密封垫中心			【检查前制动器和制动盘】 1. 拆卸制动衬块，用直尺测量前盘式制动衬块衬块厚度； 2. 左前制动盘检查，用手检查制动盘表面磨损情况，如磨损严重，则需测量制动盘厚度，更换或研磨制动盘； 3. 检查制动缸和活塞是否锈蚀和划伤； 4. 活动制动分泵销，确认分泵销无卡滞现象； 5. 确保前盘式制动衬块支撑片有足够的弹性，没有变形、裂纹或磨损，且已清除所有的锈迹和污物。如有必要，更换前盘式制动衬块支撑片	
检查	前悬架和后悬架		流程	→右前制动分泵总成安装： 安装制动片； 把螺丝用手带上后用气动扳手拧紧； 用扭力扳手拧到规定的力矩（34.3 N·m）	
	【目视检查】 （使用手电筒）目视确认是否漏油				
检查	防尘套		检查	制动管路和软管	
	检查方向机防尘套； 检查驱动轴防尘套			【检查制动管路和软管】 1. 检查制动管路和软管的长度及整个圆周表面是否有磨损、变形及漏油等异常现象； 2. 检查所有夹箍是否紧固及连接部位是否泄漏； 3. 检查并确认软管和管路未靠近尖锐部位、运动部件或排气系统； 4. 检查并确认管路正确安装且穿过密封垫中心	

（左边）技师		（右边）技师	
流程	轮胎换位	检查	前悬架和后悬架
	移动系统台车到左前方指定位置，分离轮胎台车		【目视检查】（使用手电筒） 目视确认是否漏油
4	检查车轮及制动器（左后车轮）	检查	防尘套
流程	→移动系统台车到左后轮下： 正面推动，固定位置		检查方向机防尘套； 检查驱动轴防尘套
检查	轮胎	流程	轮胎换位
	【检查轮胎和轮胎气压】 1. 把轮胎左右和上下摇动，检查驱动轴轴承的松动情况，转动轮胎无异常； 2. 检查轮毂表面是否有裂纹、划伤； 3. 用计量表检查轮胎充气压力，必要时进行调整； 4. 检查轮胎表面（外面、胎面、内面）是否有开口、损坏或过度磨损； 5. 使用轮胎深度规测量 3 个点，检查轮胎花纹		【右边技师】 1. 移动系统台车，将右前车轮安装至右后方，用风炮将螺帽上紧轮胎； 2. 边降升降架边移动系统台到轮胎车旁，推动系统台车使之与轮胎车结合； 3. 移动系统台车，将右后车轮安装至右前方，用风炮将螺帽上紧轮胎
流程	→拆卸轮胎： 将系统台车的升到适当位置； 用风炮卸下轮胎螺帽； 两手抱住轮胎往后移动，然后降下轮胎； 将系统台车移动到制动盘下，并固定	流程	→边降升降架边移动右系统台车复位
流程	→左后制动分泵总成拆卸： 断开 2 号驻车制动线束总成； 用扳手拧松制动分泵下螺丝（2 个）； 用气动扳手把制动分泵螺丝拧开； 将制动分泵总成用挂钩挂起		
		5	发动机机油和机油滤清器
检查	后制动衬块和制动盘	更换	发动机机油和机油滤清器

	（左边）技师		（右边）技师
	【检查后制动衬块和制动盘】 1. 拆卸制动衬块，用直尺测量后盘式制动衬块衬层厚度； 2. 左后制动盘检查，用手检查制动盘表面磨损情况，如磨损严重，则需测量制动盘厚度，更换或研磨制动盘； 3. 检查制动缸和活塞是否锈蚀和划伤； 4. 活动制动分泵销，确认分泵销无卡滞现象； 5. 确保后盘式制动衬块支撑片有足够的弹性，没有变形、裂纹或磨损，且已清除所有的锈迹和污物。如有必要，更换后盘式制动衬块支撑片		【安装放油塞】 机油放油塞安装（更换新垫片），用手带紧然后用扭力扳手拧到规定的力矩（40 N·m），最后对放油塞及周边进行清洁。 【更换机油滤清器】 将机油台车放到机油滤清器下面，卸下机油滤清器，清洁安装处，更换新件。用手带紧，用扭力扳手拧到规定的力矩（17.5 N·m）
流程	→左后制动分泵总成安装： 安装制动片； 把螺丝用手带上后用气动扳手拧紧； 用扭力扳手拧到规定的力矩（34.3 N·m）； 连接2号驻车制动线束总成	流程	→机油台车复位
检查	制动管路和软管		
	【检查制动管路和软管】 1. 检查制动管路和软管的长度及整个圆周表面是否有磨损、变形及漏油等异常现象； 2. 检查所有夹箍是否紧固及连接部位是否泄漏； 3. 检查并确认软管和管路未靠近尖锐部位、运动部件或排气系统； 4. 检查并确认管路正确安装且穿过密封垫中心		
检查	前悬架和后悬架		
	【目视检查】（使用手电筒） 目视确认是否漏油		

续表

（左边）技师		（右边）技师
流程	轮胎换位	
	【左边技师】 1. 移动系统台车，将左后车轮安装至左前方，用风炮将螺帽上紧轮胎； 2. 边降升降架边移动系统台到轮胎车旁，推动系统台车使之与轮胎车结合； 3. 移动系统台车，将左前车轮安装至左后方，用风炮将螺帽上紧轮胎	
流程	→边降升降架边移动左系统台车到左前边固定位置	
5	互检	
检查	发动机机油和机油滤清器	
	互检机油放油塞和滤清器安装状况	

注：如左右技师技能熟练程度不一置，则会导致左右技师出现等待时间，在此处可先填写保养检查单（如是 IPAD，则在 IPAD 上填写）

作业流程 3
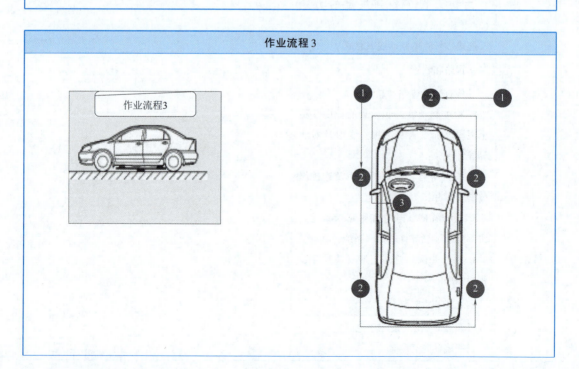

续表

	（左边）技师			（右边）技师	
1	在举升机控制器处（在车辆前方的左侧）		1	在车辆前方的右侧	
	流程	→操作举升机下降： 发出指示"车辆下降，请注意"并等待右边技师回应；确认车辆安全后，操作举升机降下车辆； 听到右边技师发出的"OK"声音后，停止操作举升机		流程	→辅助操作举升机下降 确认安全后，回应"OK，可以下降"； 辅助指引车辆下降，直到车轮接触到地面，发出"OK"声音，叫停车辆下降操作
2	紧固车轮螺母		2	移动到车辆前方	
	紧固	车轮螺母		调整	发动机机油
		【紧固车轮螺母】 1. 将扭矩扳手设定到规定的扭矩（103 N·m）； 2. 使用扭矩扳手对四个轮胎进行扭矩确认； （注意：有"咔嚓"的一声后即可，不可过度加力）			【加注发动机机油】 1. 将4.5 L机油加入发动机； 2. 安装发动机油盖，注意安装到位
3	进入驾驶室内				
	流程	→进入车内，点火开关转到"ON"，设置驻车制动器； →反复踏下制动踏板，检查确保制动踏板正常； →听到右边的指示后，进入"READY ON"，起动发动机（深踩加速踏板）		流程	→指挥左边技术员起动发动机； 确认周围安全，发出声音"起动发动机"
	检查	警告灯和蜂鸣器		检查	发动机舱
		【复检仪表指示灯、警告灯】 检查并确认所有仪表指示灯、警告灯都正常； 确保EM作业无异常			【检查发动机舱】（使用手电筒） 1. 目视检查确认发动机线束、发动机真空管、高电压电缆安装无异常、外观无损坏； 2. 目视检查发动机舱是否有异物（如老鼠活动痕迹）
	流程	轮胎压力警告系统初始化（若配备） →选择多信息显示屏上的"Set Pressure"并按住"OK"开关（转向盘衬垫开关总成），直至轮胎压力警告灯闪烁3次		流程	复检发动机冷却液液位、逆变器冷却液液位（HV车型）及制动液液位

续表

（左边）技师			（右边）技师		
流程		关闭发动机，下车	流程		指挥左边技术员停止发动机，发出声音"停止发动机"
复检			复检		
流程		→将车辆再升起确认发动机有否泄漏： 发出指示"车辆上升，请注意"并等待右边技师回应；确认车辆安全后，操作举升机举升车辆； 听到右边技师发出的"OK"声音后，停止操作举升机	流程		→辅助操作举升机： 确认安全后，回应"OK，可以上升"； 辅助指引车辆上升，直到能进入车内进行复检工作的合适高度时，发出"OK"声音，叫停车辆下降操作
			检查		发动机机油和机油滤清器
					（使用手电筒目视检查） 复检机油放油塞和滤清器安装状况，检查是否有机油泄漏
流程		→与右边技师配合共同安装发动机底罩总成/发动机中央下盖	流程		→与左边技师配合共同安装发动机底罩总成/发动机中央下盖
流程		→操作举升机下降： 发出指示"车辆下降，请注意"并等待右边技师回应；确认车辆安全后，操作举升机降下车辆； 完全降下车辆	流程		→辅助操作举升机下降： 确认安全后，回应"OK，可以下降"
			检查		发动机机油油位
流程		填写保养检查单（如是 IPAD，则在 IPAD 上填写）			【检查发动机机油油位】 发动机关闭的情况下，检查并确认发动机机油油位处于油位计的"FULL"刻度线和"LOW"刻度线标记之间
流程		→将左边举升垫块拿走	流程		→收起发动机舱翼子板保护垫
流程		→盖好发动机盖	流程		→将右边举升垫块拿走
左、右技师共同填写施工单/保养检查单（如是 IPAD，则在 IPAD 上填写），签上姓名；如检查发现车辆有异常的地方，使用 IPAD、对讲机或微信等方式告知 SA，SA 向顾客进行维修的说明，车辆移动到待修区。如检查未发现有异常，则将车辆开到洗车区进行洗车作业。					
洗车	流程	→开去洗车工位进行洗车	洗车	流程	→在后侧方进行引导

（左边）技师			（右边）技师		
交车	流程	将车辆开往交车工位，车头朝外； 将钥匙，工单和环车检查单交给服务顾问	整理	流程	→对工位进行5S

五、检查评价

对本任务的学习情况进行检查，并将相关内容填写在表7-4中。

表7-4　检查表

检查项目	检查结果	自评	小组互评	教师点评
是否具有安全意识、质量意识、环保意识、创新意识、工匠精神及良好的职业素养	是□　否□			
是否严格遵守安全操作规程	是□　否□			
是否能正确描述汽车20 000 km维护重要性、作业内容及技术要求	是□　否□			
是否规范完成车辆维护前准备工作	是□　否□			
是否规范检查汽车维护的相关项目	是□　否□			
是否按流程规范完成维护相关作业	是□　否□			
是否按规定时间内完成汽车20 000 km维护	是□　否□			
工具设备是否正确使用	是□　否□			
是否有漏检项目	是□　否□			
实训工位是否打扫干净	是□　否□			

六、总结反思

1. 完成本任务要特别注意哪些安全事项？

2. 完成本次车辆维护作业，应掌握哪些技能要点及注意事项？

3. 完成本任务存在的不足及改进措施。

七、知识拓展

车辆保养应该了解的知识

在车辆的使用过程中，都会对车辆进行必要的保养，让自己的爱车始终处于最优的性能状态。但什么是首保、什么是大保、保养周期是什么、保养内容有哪些，今天我们就一起来了解一下。

1. 首次保养（常规保养）

首次保养，也称首保，保养内容与常规（基础）保养一致。汽车说明书上都在明显的位置注明了首次保养里程，通常是在购车后 5 000 km/3 个月，或 10 000 km/6 个月后进行（不同品牌会稍有不同），主要更换机油、机油滤芯。除此之外，4S 店还会对轮胎、胎压、灯光、制动盘等进行检查。一般购车时厂商都会赠送首次保养。

2. 大保养

大保养是指在厂商规定的时间或里程，更换机油、机油滤芯、空气滤芯、空调滤芯、汽油滤芯、制动油、变速箱油、火花塞等（以上项目各品牌可能会略有不同）。以第八代凯美瑞为例，官方建议在车辆行驶到 40 000 km 时，对机油、机油滤芯、空调滤芯、空气滤芯和制动油进行更换。

（1）变速箱油：厂商无明确建议，店内建议 4 万 km 更换。

（2）钛金火花塞采用长效设计：每 10 万 km 更换一次。

（3）汽油滤芯采用长效设计：每 8 万 km 更换一次。

大保养是基于常规保养的，一般这两种保养交替进行，间隔因汽车品牌差异各有不同，具体以厂家规定为准。

3. 保养周期

保养周期，也就是保养间隔。保养周期取决于使用机油和机油滤芯的有效时间或里程。不同品牌级别的矿物质机油、半合成机油、全合成机油有效期也不尽相同，以厂商推荐为准。机油滤芯一般分常规及长效两种，常规机油滤芯随机油一起更换，长效机油滤芯使用时间更长。常见的保养间隔有 5 000 km/3 个月、10 000 km/6 个月等。

发动机长时间怠速运转（如出租车）、在高原地区环境下行驶、经常带拖车行驶、走走停停为主的行驶模式（如市区行车）及在恶劣条件下使用的汽车，需增加部件的保养频次。

保养周期自购车之日起一年内（以购车发票为准），首次行驶里程达 5 000 km（最长不超过 7 500 km）。10 000 km 或 1 年及之后每 10 000 km 或每 1 年定期保养。

4. 去哪儿保养

如果车辆还在质保期内，建议去正规的 4S 店进行保养，如果已经超出了质保的期限，也可以选择去第三方保养店进行保养，只要保证使用的配件合格是正品即可。

参 考 文 献

［1］谢先树．汽车维护［M］．武汉：中国地质大学出版社，2014.

［2］丰田汽车公司．汽车维修教程第二级（上）汽车维修基础［M］．北京：高等教育
出版社，2006.

［3］丰田汽车公司．汽车维修教程第一级（下）汽车维护操作［M］．北京：高等教育
出版社，2006.

［4］丰田汽车公司．汽车维修教程第二级（下）汽车电气设备维修［M］．北京：高等
教育出版社，2006.

［5］东莞市凌泰教学设备有限公司．新能源汽车维护与保养［M］．北京：机械工业出
版社，2023.

［6］北京新能源汽车营销有限公司．新能源汽车维护［M］．北京：机械工业出版
社，2023.